100色をめぐる旅

世界の絶景パレット

心が求める色を探しに

永岡書店

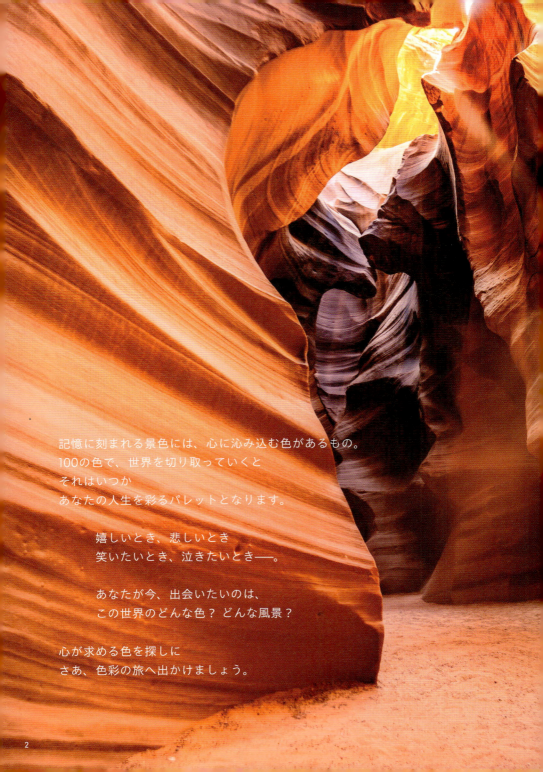

記憶に刻まれる景色には、心に沁み込む色があるもの。
100の色で、世界を切り取っていくと
それはいつか
あなたの人生を彩るパレットとなります。

　　嬉しいとき、悲しいとき
　　笑いたいとき、泣きたいとき——。

　　あなたが今、出会いたいのは、
　　この世界のどんな色？ どんな風景？

心が求める色を探しに
さあ、色彩の旅へ出かけましょう。

100色をめぐる旅

心が求める色を探しに
世界の絶景パレット

—— 目次 ——

世界の絶景パレットの
楽しみ方 ················ 8

BLUE

ミルフォード・サウンド
ニュージーランド ················ 12

紅河ハニ棚田
中国 ················ 16

シャウエン
モロッコ ················ 18

ドバイの夜景
アラブ首長国連邦 ················ 20

ヴァトナヨークトル国立公園
アイスランド ················ 22

テーブル・マウンテン
南アフリカ ················ 24

サマルカンド
ウズベキスタン ················ 26

ハロン湾
ベトナム ················ 28

アルバカーキ国際バルーンフェスタ
アメリカ ················ 30

アルベロベッロ
イタリア ················ 32

LIGHT BLUE

ハバスパイ
アメリカ ················ 36

ヴェネツィア
イタリア ················ 40

ブルーホール
ベリーズ ················ 42

ズラトニ・ラット
クロアチア ················ 44

モレーン湖
カナダ ················ 46

モルディブ
モルディブ ················ 48

PURPLE

ザ・トゥエルブ・アポストルズ
オーストラリア ················ 52

ヴァレンソール高原
フランス ················ 56

ボロブドゥール
インドネシア ················ 58

アタカマ砂漠
チリ ················ 60

ヨセミテ国立公園
アメリカ ················ 62

プレトリアとヨハネスブルグのジャカランタ
南アフリカ ················ 64

ラパスの夜景
ボリビア ················ 66

テカポ湖
ニュージーランド ················ 68

PINK

ラス・コロラダス
メキシコ ················ 72

カッパドキア
トルコ ················ 74

ラルンガル・ゴンパ
中国 ················ 76

ノーンハーン湖
タイ ················ 78

レトバ湖
セネガル ················ 80

ホワイトサンズ国立公園
アメリカ ················ 82

ボゴリア湖
ケニア ················ 84

ロスロケス諸島
ベネズエラ ················ 86

4

RED

ウルル
オーストラリア ……………………………… 90

天后宮
マレーシア ……………………………… 94

ホーリー祭り
インド ……………………………… 96

フライ・ガイザー
アメリカ ……………………………… 98

メテオラ修道院群
ギリシャ ……………………………… 100

ホースシュー・ベンド
アメリカ ……………………………… 102

エルタ・アレ火山
エチオピア ……………………………… 104

ワディ・ラム
ヨルダン ……………………………… 106

丹霞地形
中国 ……………………………… 108

バオバブの木
マダガスカル ……………………………… 110

ORANGE

トーレス・デル・パイネ国立公園
チリ ……………………………… 114

ドブロヴニク
クロアチア ……………………………… 118

セコイア国立公園
アメリカ ……………………………… 120

セリャラントスフォス
アイスランド ……………………………… 122

イエローストーン国立公園
アメリカ ……………………………… 124

ナマクワランド
南アフリカ ……………………………… 126

アンテロープ・キャニオン
アメリカ ……………………………… 128

シャマレル
モーリシャス ……………………………… 130

YELLOW

バガン
ミャンマー ……………………………… 134

アンダルシアのひまわり
スペイン ……………………………… 138

ライン渓谷
ドイツ ……………………………… 140

ダナキル低地
エチオピア ……………………………… 142

ウォルビス・ベイ
ナミビア ……………………………… 144

オルチア渓谷
イタリア ……………………………… 146

コムローイ祭り
タイ ……………………………… 148

羅平の菜の花畑
中国 ……………………………… 150

BROWN

グレンコー
イギリス ……………………………… 154

ペトラ遺跡
ヨルダン ……………………………… 158

セロ・ブランコ
ペルー ……………………………… 160

ザ・ウェイブ
アメリカ ……………………………… 162

コーフ城
イギリス ……………………………… 164

トドラ渓谷
モロッコ ……………………………… 166

ドゥバヤズット
トルコ ……………………………… 168

アブシンベル大神殿
エジプト ……………………………… 170

GREEN

フェロー諸島
フェロー諸島 ……………………… 174

ラコツ橋
ドイツ ……………………………… 178

ジェリーフィッシュ・レイク
パラオ ……………………………… 180

悪魔のパイロン
エクアドル ………………………… 182

モンゴルの大草原
モンゴル …………………………… 184

ザハラ・デ・ラ・シエラ
スペイン …………………………… 186

マチュピチュ
ペルー ……………………………… 188

ヴェルザスカ渓谷
スイス ……………………………… 190

南モラヴィア
チェコ ……………………………… 192

アイスランドのオーロラ
アイスランド ……………………… 194

オカバンゴ・デルタ
ボツワナ …………………………… 196

ナパリ・コースト
アメリカ …………………………… 198

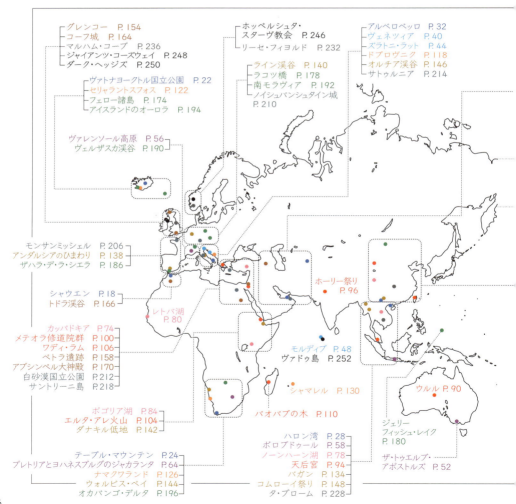

WHITE

アブラハム湖　カナダ	202
モンサンミッシェル　フランス	206
シェイク・ザイード・グランドモスク　アラブ首長国連邦	208
ノイシュバンシュタイン城　ドイツ	210
白砂漠国立公園　エジプト	212
サトゥルニア　イタリア	214
フォークランド諸島のペンギン　イギリス領フォークランド諸島	216
サントリーニ島　ギリシャ	218
イルリサット・アイスフィヨルド　グリーンランド	220
レンソイス・マラニャンセス国立公園　ブラジル	222

GRAY

ムーンスケープ　アメリカ	226
タ・プローム　カンボジア	228
武陵源風景名勝区　中国	230
リーセ・フィヨルド　ノルウェー	232
王立ポルトガル図書館　ブラジル	234
マルハム・コーブ　イギリス	236

BLACK

キラウエア火山　アメリカ	240
ワイトモ洞窟　ニュージーランド	244
ホッペルシュタ・スターヴ教会　ノルウェー	246
ジャイアンツ・コーズウェイ　イギリス	248
ダーク・ヘッジズ　イギリス	250
ヴァドゥ島　モルディブ	252

- ドバイの夜景　P. 20
- サマルカンド　P. 26
- ドゥバヤズット　P. 168
- シェイク・ザイード・グランドモスク　P. 208
- モレーン湖　P. 46
- アブラハム湖　P. 202
- イルリサット・アイスフィヨルド　P. 220
- ヨセミテ国立公園　P. 62
- フライ・ガイザー　P. 98
- セコイア国立公園　P. 120
- アルバカーキ国際バルーンフェスタ　P. 30
- ハバスパイ　P. 36
- ホワイトサンズ国立公園　P. 82
- ホースシュー・ベンド　P. 102
- イエローストーン国立公園　P. 124
- アンテロープ・キャニオン　P. 128
- ザ・ウェイブ　P. 162
- ムーンスケープ　P. 226
- ナパリ・コースト　P. 198
- キラウエア火山　P. 240
- ブルーホール　P. 42
- ラス・コロラダス　P. 72
- 紅河ハニ棚田　P. 16
- ラルンガル・ゴンパ　P. 76
- 丹霞地形　P. 108
- 羅平の菜の花畑　P. 150
- モンゴルの大草原　P. 184
- 武陵源風景名勝区　P. 230
- ロスロケス諸島　P. 86
- レンソイス・マラニャンセス国立公園　P. 222
- 王立ポルトガル図書館　P. 234
- アタカマ砂漠　P. 60
- ラパスの夜景　P. 66
- セロ・ブランコ　P. 160
- 悪魔のパイロン　P. 182
- マチュピチュ　P. 188
- ミルフォード・サウンド　P. 12
- テカポ湖　P. 68
- ワイトモ洞窟　P. 244
- トーレス・デル・パイネ国立公園　P. 114
- フォークランド諸島のペンギン　P. 216

7

世界の絶景パレットの楽しみ方

世界の絶景を、青・水・紫・桃・赤・橙・黄・茶・緑・白・灰・黒の12色順に並べ、美しいパレットに見立てています。

Dataについて
「ベストシーズン」はわかりやすくアイコンにしました。色の濃い月が旅に最適な時期です。言語、日本からのアクセスも参考にしてください。
※すべて色が濃いところは通年で楽しめます。

旅のヒントについて
「旅のヒント」として実際にその地を旅した人の口コミ情報を掲載しました。おすすめ情報や注意点も満載ですので、ぜひ活用してみてください。

色について
掲載している場所にちなんだ色を100色紹介しています。由来や色調についてまとめていますので、右上の見出し部分とあわせて色辞典のようにも楽しめます。P.254の色一覧とあわせてご活用ください。

コバルトブルー

心奪われるページをランダムに見るもよし、心を落ち着けたいときに青を、パワーチャージしたいときに赤の絶景を見るなど、そのときの気分で色を変えて眺めるカラーセラピーのようにも活用できます。

街ができたのは15世紀だが、その頃から青かったわけではなく、街が青く塗られるようになったのは過去100年以内のことといわれている。

●掲載情報は、発刊時の情報です。状況に応じて変わる場合があります。旅行の前に必ず最新情報をご確認ください。
●掲載情報による損失、トラブルなどの責任は負いかねますので、あらかじめご了承ください。

「リラックス」には王道、青の絶景

BLUE

日頃のストレスから解放されるために旅に出る人は多いはず。
そんなときのおすすめはやはり青の絶景。
ブルーには脳内にアルファ波を増幅させる働きがあるといわれ、
高いリラックス効果が期待できます。
ここでは空と海だけではない、
何色もの癒やしの青を紹介します。

ゼニスブルー

ニュージーランド
ミルフォード・サウンド
Milford Sound ●

海から10km以上離れた湾の奥とはいえ、凪の時は無風の湖のような水面になる。
こんな時は船に弱い人も安心してクルーズを楽しめる

ゼニスブルー

英語で「天頂」という意味を持つ「ゼニス」。空の"真上"のような、少し紫がかって透明感のある"吸い込まれそう"なブルー。

神話の地に悠久の時が造り出した絵画のようなフィヨルドの絶景

　青く澄んだ水面を渡る風がさざ波を立たせても、荒れ狂うことは滅多にありません。タスマン海の湾口から約16ｋｍも続く深いフィヨルド。急峻な岩肌は最も高いところでは2000m近くあり、雨後には無数の滝も現れます。1万年という長い年月が造りあげた大自然の造形美。野生動物の宝庫であり、イルカやペンギン、オットセイなどが生息しています。

　サウンドという名は、氷河ではなく河川の活動で作られる入り江を意味する英語なので誤用ですが、音楽もイメージされ魅力的です。さらには先住民マオリが付けた「ピオピオタヒ」という呼び名もあります。この地で永遠の命を懸け死の女神に挑んだ創造神マウイが連れていた小鳥を意味し、そんな伝説が似合う神秘的な雰囲気にも包まれています。

旅のヒント　クルーズ船での観光となりますが、天候が非常に変わりやすい地域のため、欠航が非常に多くなっています。また、事前予約ができないこともあり、スケジュールは余裕を持って組むようにしましょう。

クルーズが出発する港周辺の風景。干満の差は約2mで、干潮時は湾の最奥部周辺の浅瀬では完全に水が引く

★ベストシーズン
① ② ③ ④ ⑤ ⑥ ⑦ ⑧ ⑨ ⑩ **⑪ ⑫** 月

★言葉／英語、マオリ語、ニュージーランド手話
★日本からのアクセス／北島の中心都市オークランドへ直行便があり、飛行時間は約10時間50分ほど。さらにミルフォード・サウンドへの起点、南島のクイーンズタウンへは国内線で約2時間

ニュージーランド

「ミルフォード・サウンド」はこの場所を発見した人の故郷、
英国ウェールズにある「ミルフォード・ヘブン」から名付けられた

ゼニスブルー

紅河ハニ棚田
中国
Honghe Hani Rice Terraces

ブルージタン

フランスのタバコ"ジタン"の箱に由来する明るめの紺。箱にはジタンを意味する"スペインのジプシーの女性"が踊っている。

空を映す壮大な縞模様の水鏡
中国の山深く少数民族が守る棚田群

あぜ道の模様に空を映し出すのは、世界最大ともいわれる棚田に張られた水。壮大な青の世界が広がります。ただし、この風景は晴天の日中、いくつかの条件が重なったときにだけ見られるもの。水鏡は太陽の昇る前の明るんだ夜明けの空を映せば白く光り、夕暮れには金色や茜色にも輝きます。たった1日でも奇跡の色彩が次々と移り変わるのです。

棚田は中国の南部、雲南省の深い山間で少数民族ハニ族が千年もの間守り続けてきたもの。米を主食とし、藍染めの青い民族衣装を着る彼らは、日本人と多くの文化的共通点があり親しみを感じます。なにより、大自然と一体化した山水画のような棚田の風景は初めてでもどこか懐かしく、DNAで私たちと記憶を共有しているのかもしれません。

旅のヒント 棚田は広大なエリアに広がっており、公共交通を使って巡るのは現実的ではないため、昆明から元陽まで現地ツアーに参加します。元陽への道路は快適とは言い難いため、山道が苦手な人は鉄道で2時間ほどの健水駅まで行ってバスに乗り換えるのも手です。

美しい棚田の風景だけではなく、長い年月をかけて山肌を開拓し、自然を巧みに利用した農法を築き上げてきた文化は、2013年に世界遺産に登録された

★ベストシーズン
① ② ③ ④ ⑤ ⑥ ⑦ ⑧ ⑨ ⑩ ⑪ ⑫ 月

★言葉／中国語、ハニ語
★日本からのアクセス／雲南省の省都昆明へは成田から直行便があり、上海や北京、香港などでの乗り継ぎ便も豊富。棚田へはさらにバスで6時間ほどの元陽がベース

中国

ブータン

複雑な棚田がアートのように見える風景は、
春先、水田に水が張られた後、
田植えが始まるまでのほんの短い期間にしか見られない

モロッコ シャウエン
Chefchaouen

どこまでも続く青の迷宮
おとぎの国のようなモロッコの秘境

モロッコ北部の山の中腹に、ひしめくように立ち並ぶ青く塗られた家々。その昔、イベリア半島を追われて住み着いたユダヤ教徒が、彼らにとって神聖な色である青で建物を塗ったのが始まりだといわれています。メディナと呼ばれる狭い路地が迷路のように続く旧市街に足を踏み入れれば、広がるのは無限の青の世界。家々だけではなく道路や階段までが青く、街全体が青い空間となって、どこまでも連続しているような錯覚に陥ります。街の人々がカラフルな植木鉢で育てる花々や、行き交う人々がまとう様々な色の民族衣装のジュラバ、路地を横切る白猫などは差し色となり、青の印象をより強烈に際立たせます。

旅のヒント 有名なマラケシュのメディナほどの喧騒はないので、モロッコの中では比較的穏やかに滞在できる町です。土産物屋の売り込みもしつこくなく、ゆっくり自分のペースで選びながらショッピングを楽しめます。

コバルトブルー
19世紀にフランスで誕生したコバルト水酸化合物などからなる人工顔料が起源。鮮やかなブルーは発明者の名から「テナールズブルー」ともよばれる。

★ベストシーズン
① ② ③ **④ ⑤ ⑥** ⑦ ⑧ ⑨ **⑩ ⑪** ⑫ 月

★言葉／アラビア語、フランス語
★日本からのアクセス／モロッコへはドバイやドーハ、イスタンブールなど中東の都市での乗り換えが便利。ヨーロッパ主要都市経由もある。カサブランカ空港への便が最多だが、最も近いのはフェズ空港。フェズからはバスで約4時間

モロッコ

コバルトブルー

街ができたのは15世紀だが、その頃から青かったわけではなく、街が青く塗られるようになったのは過去100年以内のことといわれている

世界一の展望台から見る
未来都市の夜景

　世界にはたくさんの夜景の名所がありますが、ドバイもそのひとつ。1970年代から石油に頼らない国造りをいち早く進めたおかげで、今や中東の金融と流通の一大拠点となっており、年間1700万人以上の旅行者を受け入れる中東最大の観光地でもあります。急速に都市化が進んだドバイの街の特徴はSF映画に出てくるような近未来的な建物。夜になると、それがいっそう際立ちます。

　たとえば高さ830m世界一の超高層ビル「ブルジュ・ハリファ」。展望台から眼下に広がる街の灯りに酔い、真下で光と水の噴水ショーのドバイ・ファウンテンとともにビルに映るプロジェクションマッピングに歓声をあげ、少し離れたドバイ・フレームからは尖塔のような全景に感動と、夜景の楽しみ方もいろいろです。

旅のヒント　宇宙からも確認できる唯一の人工島「パームジュメイラ」も夜景鑑賞におすすめのスポット。「葉」が枝分かれする位置に建設された240mの展望デッキでは360度のパノラマが広がります。パームジュメイラ先端にある5つ星ホテル「アトランティス ザ パーム」がひときわ明るく輝きます。

★ベストシーズン
① ② ③ ④ ⑤ ⑥ ⑦ ⑧ ⑨ ⑩ ⑪ ⑫ 月

★言葉／アラビア語、英語
★日本からのアクセス／羽田空港から直行便でドバイまで約11時間50分〜。成田空港、関西国際空港からも直行便が就航

アラブ首長国連邦

サファイアブルー

アラブ首長国連邦
ドバイの夜景
Night View of Dubai

サファイアブルー

四大宝石の「サファイア」に由来する紫がかった深い青。サファイアは、洞察力の石」の異名をもち、見る人の感覚を研ぎ澄ませてくれる。

アラブの産油国のひとつだが、GDPに占めるオイルマネーの割合はたった2%。観光業のほうがはるかに多い。世界最大規模のショッピングモールやテーマパークから、伝統的なスーク（市場）、街の外に広がる広大な砂漠まで、楽しみはいろいろ

氷河の洞窟内部に広がる　奇跡のように純潔な青の世界

　この青の世界はヨーロッパ最大級の氷河の内部にあります。降り積もった雪が氷河を押し固めると、空気を押し出し気泡が含まれない純度の高い氷となります。様々な波長の光で構成される太陽光のうち、この氷を通り抜けられるのは青色だけ。だから氷河の洞窟の中は青だけに染まって見えるのです。大自然が生む偶然の造形物のため、見られる場所は毎年変わります。まさに奇跡の絶景なのです。

　氷河の名ヴァトナヨークトルは、アイスランドの総面積の約14％を占める広大な国立公園の名ともなっています。地球上で見られる貴重なホットスポットのひとつで、火山由来のユニークな自然景観がたくさん見られます。

旅のヒント　毎年場所が変わってしまう氷の洞窟へは、専門ガイドの同行が不可欠。ヘルメットや、状況によってはアイゼンなどの専門用具も必要となるためツアー参加が必須です。首都レイキャビクや、国立公園に近いスカフタフェットルからの現地発ツアーも盛んです。

★ベストシーズン
① ② ③ ④ ⑤ ⑥ ⑦ ⑧ ⑨ ⑩ ⑪ ⑫ 月

★言葉／英語、アイスランド語
★日本からのアクセス／直行便はないためヨーロッパの主要空港で乗り継ぐのが一般的。特に北欧諸国経由が便利で、最短飛行時間は14時間ほど

アイスランド

氷の洞窟が見物できるのは気温が低い冬季のみ。温度が高いと崩壊する恐れがあるからだ。近年の気候変動で氷河は縮小しており、洞窟が見られるチャンスも少なくなるかも

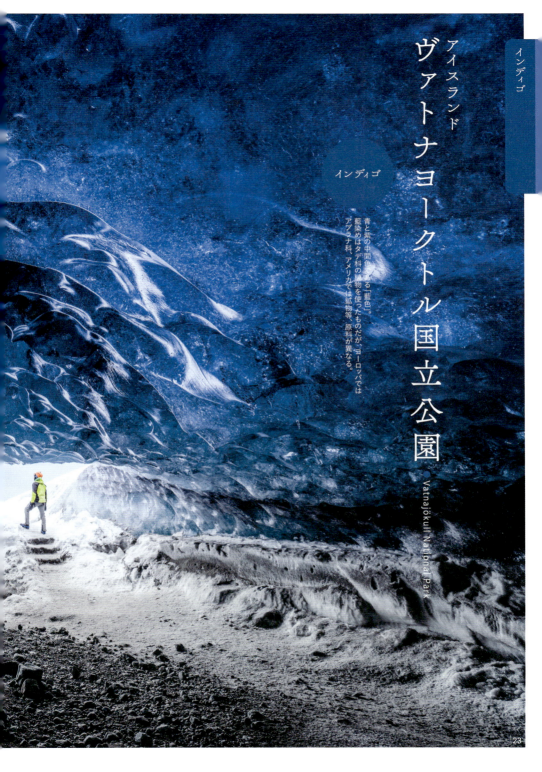

ヴァトナヨークトル国立公園

アイスランド

インディゴ

インディゴ

青と紫の中間色である「藍色」。藍染めはタデ科の植物を使ったものだが、ヨーロッパではアブラナ科、アメリカでは鉱物等、原料が異なる。

Vatnajökull National Park

南アフリカ
テーブル・マウンテン
Table Mountain

マリンブルー

緑がかった濃い青色。ラテン語で海を意味する「マレ」が由来。同じく海を想起させる「ネイビーブルー」より明度が高い。

ケープタウンの北側から入江を挟んで望むテーブルマウンテン。ここから見るとテーブル状の山容がよくわかる

マリンブルー

雲のテーブルクロスをかける港町ケープタウンのシンボル

　17世紀に喜望峰航路の港として生まれたケープタウンは、ヨーロッパを思わせる美しい街並みで知られます。そのシンボルが背後に控えるテーブル・マウンテン。その名の通り頂が真っ平らに見える姿には強烈な存在感があります。

　標高は1086m。360度回転しながら上るロープウェイで頂上へ降り立つと、ケープタウンの町や喜望峰まで連なる山々、広大な大西洋が眺められ、バブーン（ヒヒ）やハイラックスなどの野生動物も姿を見せます。

　この山が最も美しく見えるのは、南東の風が吹くとき。海からの風が山に当たって雲が発生し、それが平らな山頂から山裾に流れ、まるでテーブルクロスがかかっているように見えるのです。

旅のヒント　ヨーロッパからの移民の文化が根付いており、レストランのレベルは高く、おいしいワインも豊富な国。特にケープタウンは、絶景が楽しめるだけでなく、グルメにも嬉しい街です。

★ベストシーズン
① ② ③ 4 5 6 7 8 9 10 ⑪ ⑫ 月
★言葉／英語、アフリカーンス語、バントゥー諸語
★日本からのアクセス／アジアや中東、東アフリカの都市で乗り換え、ケープタウンまで最短で約24時間。世界各地からの便が豊富なヨハネスブルクまで行き、国内線に乗り継ぐ方法も。空港から街へは車で30分ほど

南アフリカ

ウズベキスタン
サマルカンド
Samarkand

パステルブルー

「パステルカラー」は白を加えた色を指し、青に白みを足した淡く明るいブルー。同系色に明度を落とした「ペールブルー」がある。

廟群のひとつ、シャーディムルク・アーガー廟の天井部のモザイクタイル装飾。その緻密さに圧倒される

パステルブルー

天高きシルクロードの空の下
栄華の歴史を伝える青の都

　その街は青の都と呼ばれ、あまりの美しさに世界が憧れたといいます。古来よりシルクロードの要衝であったウズベキスタンの古都サマルカンド。13世紀にはチンギス＝ハンの侵攻で廃墟と化しましたが、14世紀には英雄ティムールによって復興され、彼の帝国の都となり、学問と貿易、文化の中心として栄えました。

　街の中心レギスタン広場をはじめ、栄華を伝える壮麗な建築群が残されており、その多くがサマルカンド・ブルーと呼ばれる鮮やかな青いタイルで飾られています。そのひとつシャーヒズィンダ廟群は、14〜16世紀の王族たちの墓。青空の下で輝く壁にも、内部のドームにも、至るところにブルーが施され、思わずため息がもれる美しさです。

旅のヒント　ウズベキスタンは親日国として知られ、温かく迎え入れてくれます。日本人に限らず伝統的に旅人をもてなすことを大切にしてきた人々なので、何かふるまわれたら遠慮なく甘えましょう。もちろん感謝の言葉は忘れずに。

★ベストシーズン
① ② ③ ④ ⑤ ⑥ ⑦ ⑧ ⑨ ⑩ ⑪ ⑫ 月

★言葉／ウズベク語
★日本からのアクセス／首都タシケントへ直行便があり、飛行時間は行きが約9時間、帰りが約7時間半。便数が限られるのでソウルや中国の主要都市での乗り継ぎ便も使われる。タシケントからサマルカンドは国内線で約1時間

ウズベキスタン

ベトナム

ハロン湾

● Ha Long Bay

ラピス
ラズリ

深い濃青色。同名の石に由来し、
ラピスは「石」、ラズリは「青」の意味をもつ、
古来よりブルーの代名詞的色。和名は「瑠璃」。

船から見上げる断崖絶壁は迫力満点。
ハロン湾のクルーズでは鍾乳洞なども訪れる

時とともに印象を変えていく　波静かな湾に林立する奇岩群

　様々な形の奇岩が海に突き出すダイナミックな景観の中を、クルーズ船は静かに進んでいきます。ハロン湾にある岩の数は3000ともいわれ、そのなかでもとりわけ特徴的なものには、形に由来した名前がそれぞれ付けられています。

　晴れた日には青い海と岩のコントラストが一層美しく、また曇りや雨の日なら霞みがかった幻想的な景色を楽しむことができます。船の上から刻々と変化していく風景を眺めていると、まったく飽きることがありません。

　石灰岩層の大地が沈降し、雨や風、波、そして長い歳月が造り上げた奇跡の風景。島や岩の一つひとつが、まさに自然の芸術品です。

　風光明媚なハロン湾は映画のロケ地としても人気があります。トラン・アン・ユン監督『夏至』や、フランスの名女優カトリーヌ・ドヌーヴ主演『インドシナ』の中でも印象的なシーンで登場しています。

★ベストシーズン
① ② ③ ④ ⑤ ⑥ ⑦ ⑧ ⑨ ⑩ ⑪ ⑫ 月

★言葉／ベトナム語
★日本からのアクセス／ベトナムの首都ハノイまでは、日本各地から複数の航空会社が直行便を就航させており、飛行時間は約5時間半〜6時間。ハロン湾クルーズの出発地バイチャイまでは、ハノイからバスを使って3時間ほど

ラピスラズリ

アメリカ アルバカーキ国際バルーンフェスタ

Albuquerque International Balloon Fiesta

インディゴブルーの空に弾けるカラフルな熱気球

　アメリカ、ニューメキシコ州のアルバカーキの空には、毎年10月の9日間、色とりどりの気球が浮かび上がります。アルカバーキ国際バルーンフェスタは1972年の初開催以来、徐々に人気が高まり、今では「最も多くの写真が撮影されるイベント」のひとつとして世界中から約100万人もの観光客が訪れるまでに。

　9日間、ショーやゲームなど様々な催しがにぎやかに行われますが、メインはやはり熱気球のレース。いかにアルバカーキから遠くまで飛び、無事に着陸できるかを競います。ブルーの空に浮かぶ色とりどりの気球も美しいですが、陽が沈むと、ライブ演奏のなかでつながれた気球の火が地上近くで幻想的にただよい、昼間とはまた違った風景を味わえます。しめくくりは打ち上げ花火！刻々と表情を変えるアルバカーキの自然とともに繰り広げられるこのお祭りは、忙しくもとことん楽しい時間を過ごさせてくれます。

旅のヒント　イベントをより楽しみたい人は「チェイスクルー」へ応募をしてみても。気球のセッティングや離陸、追跡等をボランティアで担えます。国外からのクルーへの参加も多く、未経験でも応募が可能。大会公式サイトを確認しましょう。

ピュアインディゴ　鮮やかめのインディゴ「藍」に対し、人工的な染料を使用した天然染料を使用して色むらをなくし、彩度を上げたもの。

★ベストシーズン
① ② ③ ④ ⑤ ⑥ ⑦ ⑧ ⑨ ⑩ ⑪ ⑫ 月

★言葉／英語

★日本からのアクセス／ダラスかロサンゼルスで乗り換え、アルバカーキ国際空港へ12時間〜。会場となるバルーンフィエスタパークは中心地よりバスが就航。催しは早朝からスタートするので早めの出発がおすすめ

アメリカ

熱気球は天候が安定していないと飛ばせない。季節による寒暖の差が激しいアルバカーキ周辺で10月は気候もよく雨も少ないベストシーズン

ピュアインディゴ

このエリアの気候に合ったトゥルッリは、周辺にもたくさん建っていたが、次第に造られなくなり、今ではアルベロベッロ周辺だけに残っている。1996年、この貴重な景観を有する地区が世界遺産に登録された。

イタリア
アルベロベッロ
Alberobello

ヘブンリーブルー

**円錐形の屋根が並ぶ不思議な村
暮らしの知恵が生きる石積みの家**

円錐形のとんがり屋根が、雨後のタケノコのように立ち並ぶ風景はまさに奇観。アルベロベッロはイタリア南部の小さな村ですが、この不思議な風景を見ようと世界中から人々がやってきます。16世紀に農地を開墾するために建てられた40軒から始まり、100年の間に1000軒に増えたといいます。

トゥルッリと呼ばれるこの家の壁は、切り出した石灰岩を積んだもの。それを固めるべく塗る漆喰は外気を遮断し、暑さ寒さから部屋を守ります。屋根も石ですが、円錐形に積むのは強度を高めるため。急角度の屋根に降った雨は生活水として床下に集まるようになっています。おとぎ話に登場するような姿ですが、生活の知恵がしっかり息づいた家なのです。

ヘブンリーブルー
「天上の青」との名を持つ、どこまでも澄んだブルー。この色名を持つ朝顔の品種があり、夏に涼やかな花を咲かせてくれる。

旅のヒント トゥルッリが密集しているのは、モンティ地区とアイアピッコラ地区です。モンティは土産物屋などが並ぶ観光エリア。一方、アイアピッコラは洗濯物がひるがえる居住地区のため、できるだけ静かに訪問しましょう。

★ベストシーズン
① ② ③ ④ ⑤ ⑥ ⑦ ⑧ ⑨ ⑩ ⑪ ⑫ 月

★言葉／イタリア語
★日本からのアクセス／ローマ、ミラノなどで国内線に乗り継いで起点の町バーリへ。バーリへはヨーロッパ主要空港からも便がある。バーリ中央駅から私鉄SUD-EST鉄道（FSE）で所要1時間半

イタリア

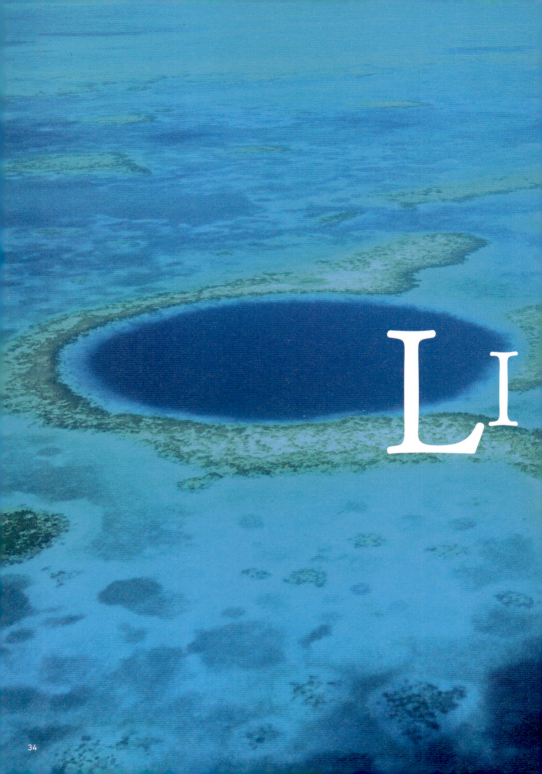

ストレスを「洗い流す」
水色の絶景

GHTBLUE

青色と同じく精神を鎮める効果があるのが
ライトブルーです。
ただ、ライトというだけあり、
そこに「優しさ」が含まれているのがポイントです。
流れるように、ゆるやかに、
私たちのストレスを洗い流してくれるのが、水色の絶景です。

村から約2.4km離れたところにあるハバス滝。落差は約30m。炭酸カルシウムを含む水が流れ込む滝つぼは鮮やかな水色

ホライズンブルー

ホライズン ブルー

「ホライズン(水平線)」の名の通り、淡く明るい青色。水平線近くは水蒸気などの粒子が多いため、光が拡散され、青が薄まって見える。

青緑色に光輝く水のある
グランドキャニオンのオアシス

　広大なコロラド高原を流れるコロラド川が大地を浸食し、造り出した大峡谷グランドキャニオン。その谷底に桃源郷のような秘境の村があります。観光の中心ビレッジからは50km近くも離れたコロラド川の支流沿いにある先住民ハバスパイ族の居留区です。赤茶けた大地に清流が流れ、豊かな緑が広がり、周辺の断崖から5つの滝が流れ落ちる楽園を思わせる風景が広がります。

　エメラルドブルーに光る滝めぐりは観光のハイライト。神秘的な色は水に石灰石の含有率が高いことで生まれるそう。民族名でもあるハバスパイとは、彼らの言葉で「青緑の水の地」の意味。美しい色は民族のアイデンティティそのものでもあるのです。

旅のヒント 滝は1年中落ちており、積雪のある冬も含めて季節ごとの風景を楽しめます。いつでもベストシーズンですが、たとえば夏の6月〜8月であれば滝で泳ぐこともできるので、何か目的をもって訪問時期を選ぶといいでしょう。

先住民であるハバスパイ族が暮らす村の人口は約500人。
旅行者が訪れる場合は事前に予約が必要で、
車でアクセスができないので、
車が近づけるポイントから約16kmのハイキングとなる。
ヘリコプターでのアクセスも可能

★ベストシーズン
① ② ③ ④ ⑤ ⑥ ⑦ ⑧ ⑨ ⑩ ⑪ ⑫ 月
★言葉／英語、ハバスパイ語
★日本からのアクセス／まずラスベガスへ飛行機で行き、
車で2時間ほどのキングマンの町へ。
さらに2時間ほどのドライブでハバスパイへのトレイルベースとなる
フアラパイヒルトップへ。
ここから先は車でアクセスする道はなく歩いて約4〜5時間。
値段は張るがヘリコプターを使えば約4分

38

炭酸カルシウムを含んだ水が流れているので、鍾乳洞内などで見られる階段状の地形（石灰華段丘）が見られる

ホライズンブルー

存在そのものが芸術　朽ちゆくも心奪われる水の都

画家のモネやルノワール、詩人のゲーテやハイネ……この街を愛した芸術家は数知れず。世界に類をみないロマンティックな海上都市です。

5〜6世紀ごろからアドリア海の干潟に大量の木の杭を打ち込み、石で固めて造った基礎に壮麗な建築群が建てられました。自然の力にはあらがえず、長い時を経て傾いたり潮風に朽ちていたり、しかしその退廃的な雰囲気もまた魅力。ちなみに建物は多少歪んでも問題ない構造になっているのだそうです。

大小177の人工島を400ともいわれる橋がつなぎ、縦横に走る運河に細い路地が広がります。あてもなく町をさまよえば、突然小さな広場が現れたり、美しい行き止まりにぶつかったり。この迷路はあまりにも芸術的です。

旅のヒント
煌びやかな衣装と仮面で知られるカーニバルは一年でも最も賑やかなイベント。例年2月末から3月初めまでの2週間行われます。この時期どこもホテルは予約でいっぱいですが、本土側ならば空きがあることもあります。

★ ベストシーズン
① ② ③ ❹ ⑤ ❻ ⑦ ❽ ⑨ ❿ ⑪ ⑫ 月

★ 言葉／イタリア語
★ 日本からのアクセス／ローマあるいはミラノまで直行便で約15時間半。ローマからは国内線で約1時間、ミラノからは鉄道で約2時間半。ヨーロッパや中東の主要都市からも多数の航空便がある。空港から街まではバスまたはボート、鉄道駅はアドリア海の長い橋を渡った都市部の北にある

イタリア

ケンブリッジブルー

Venice
ヴェネツィア
イタリア

ケンブリッジブルー

イギリスの名門、ケンブリッジ大学がボートレースの際、船首の旗に緑がかった水色のスカーフを使用したことに由来する。

たくさんの船やゴンドラが行き交う水路（Grand Canal）からサンタ・マリア・デッラ・サルーテ聖堂を眺める

41

ブルーホール
ベリーズ
● Blue Hole

ターコイズブルー

緑が強いと「ターコイズグリーン」と呼ばれる色になる。
ターコイズ（トルコ石）の石色に由来し、
緑が入った明るいブルー。

恐ろしいほどに美しい
カリブの海に青く開いた神秘の穴

　エメラルドブルーのラグーンに、ぽっかりと開いた青く深い穴。中米の小国ベリーズの沖にあるブルーホールは、サンゴ礁の浅い海にある直径300m、深さ120mという巨大な陥没穴。かつて陸地にあった石灰質の鍾乳洞の天井が落ち、できた穴を含めた地形全体が地殻変動で海に沈み生まれたと考えられています。その名残は海中に。鍾乳石の柱が何本も吊り下がっているのをダイビングで見られます。

　全容は空からしか見られませんが、水面からも突然海底が見えなくなるくっきりとした境界線は確かめられます。そのディープブルーは美しくも恐怖すらも感じ、先住民からは「怪物の寝床」と呼ばれていました。

旅のヒント ブルーホールの全体像を見るには、ベリーズシティ発のセスナによる遊覧飛行がいいでしょう。1時間で200〜400USドル（人数による）。船で向かい、シュノーケリングやダイビングを楽しむツアーもあります。

水深の違いで海の色が異なる。
サンゴ礁の外側が
急に深くなっていることがよくわかる

★ベストシーズン

1 2 3 4 5 6 7 8 9 10 **11** **12** 月
★言葉／英語
★日本からのアクセス／直行便はないので北米の都市で乗り継ぎ首都のベリーズシティへ。乗り継ぎ時間を入れて14〜16時間。観光の起点となる小さなリゾートの島々へは、さらに国内線やボートで行く

ターコイズブルー

この海域全体がかつて陸であったことを考えると、
地殻変動のスケールの大きさに感動する

ズラトニ・ラット

クロアチア

Zlatni Rat

風と波と偶然の地形が造り出したアドリア海に突き出す黄金の角

　アドリア海に面するクロアチアには大小千を超える島が浮かびます。そのひとつブラチ島にあるこの砂州は、なだらかに続く岩場の海岸線に突如姿を見せます。青い海にそこだけ突き出す砂浜はなんとも不思議。ズラトニ・ラットと呼ばれており、クロアチア語の3つの主要な方言のひとつチャカヴィアンで「黄金の角」の意味です。全長は500mほどで、季節で変化する潮の流れや風の強さにより形を変えます。まさに大自然の産物です。

　海の青や松林の緑との素晴らしいコントラストで国を代表する景勝地として知られています。さらに夏ともなれば、黄金色の砂州の上に白いパラソルとデッキチェアが行儀よく並び、開放的な地中海リゾートとなって賑わいます。

 旅のヒント 全体を見るには、背後にそびえるブラチ島の最高峰ヴィドヴァ・ゴラの頂上へ。標高は778mなので半日ほどで往復できます。夏であればパラセーリングもおすすめ。ビーチからの気軽なエントリーでホバリングしながら眼下に砂州を眺められます。

チュルコワーズ
仏語で「トルコ石」を意味する「ビエール・チュルコワーズ」が由来。ターコイズより少し緑が抑えられた明るいブルーを指すことが多い。

周辺には多くのホテルがあり、クロアチアでも有数のリゾートのひとつになっている

★ベストシーズン
① ② ③ ④ **⑤ ⑥ ⑦ ⑧ ⑨** ⑩ ⑪ ⑫ 月

★言葉／クロアチア語
★日本からのアクセス／ゲートとなるのはクロアチア第2の都市スプリトの空港。ヨーロッパ主要都市で乗り継いで行けるが路線と便数が限られるので、首都ザグレブから国内線を利用するのも選択肢。スプリトの埠頭からは船で約1時間

クロアチア

チュルコワーズ

著名な旅行雑誌が
「ヨーロッパで最も美しいビーチ」との評価を与えており、
様々なマリンアクティビティが楽しめる

モレーン湖

カナダ

●Moraine Lake

サックスブルー

淡い青にくすみを加えた色。和名は「灰青色」。ドイツの旧ザクセン地方にあった国の軍服に由来し「ザクセン」が「サックス」と変化した。

サックスブルー

ロッキーの至宝は岩峰に囲まれた清冽な湖

　カナダは世界で最も湖が多い国。その数はなんと300万を超えています。特に西部に広がるカナディアンロッキーには、3000m級の険しい山々、滝や渓谷とともに、無数の湖が針葉樹の森の中に点在しています。これらの自然はすべて悠久の時を経て氷河の活動が生み出したもの。モレーン湖もそのひとつです。

　氷河の溶けた水であるため小さな粒子を多く含み、太陽の光が当たると波長の短い青系の色だけ反射します。その鮮烈な色と湖底の倒木がはっきりと見えるほどの透明度の高さは群を抜いており、湖面に浮かぶカヌーがまるで空中に漂っているように見えるほど。ギザギザの峰が並ぶ「テンピークス」を湖越しに見る景色が最も美しいと言われています。

旅のヒント　訪れるなら遅くても午後2時くらいまでに。湖面が一番美しく見えるのは太陽が頭上にある時なので、写真もきれいに撮れます。午後遅くなると湖の向こうに太陽が行ってしまい逆光になります。夏がベストシーズンですが、春秋の雪を冠した山々も素敵です。

★ベストシーズン
① ② ③ ④ ⑤ ⑥ ⑦ ⑧ ⑨ ⑩ ⑪ ⑫ 月

★言葉／英語
★日本からのアクセス／成田からカナディアンロッキーの玄関、カルガリーまで直行便で約9時間。カルガリーからツアーバスで2時間半。レンタカーを利用する人も多い

早朝の湖の色はちょっと沈んだ水色。太陽が昇るにつれて湖は明るさと透明感を増していく

47

サンゴ礁の上に造られた水上コテージがモルディブでは人気の宿泊施設。
様々なタイプのコテージがあるので選ぶのも楽しい

モルディブ
Maldives

アクアマリン

アクアマリン

色名の歴史は古く、ローマの人々により約2000年前に、海の〈マリン〉水〈アクア〉と名付けられた。名の通り透明感ある水色。

インド洋に落ちた花の輪
究極の非日常を楽しめる島々

　モルディブの名はサンスクリット語の「島々の花輪」に由来します。深く青い色をしたインド洋の大海原に、エメラルド色のサンゴ礁の浅瀬が輪となって連なり、さらに大きな輪となった環礁が26も浮かびます。その姿を空から見ればまさに美しい花の輪そのものです。

　約1200の島々はほとんどが歩いて数分から数十分で1周でき、サンゴの砂でできているため最も高いところでも海抜2.4mしかありません。島の白いビーチに立って見えるのは、ラグーンの向こうに広がる限りない水平線と、所々にぽつりぽつりと浮かぶヤシの木が生えた小島のみ。それらに造られたリゾート群は、離島とは信じられないほど贅沢な設備を備えた、限られた人のための楽園のハイダウェイとなっています。

旅のヒント　島々のリゾートは個性豊かで、超高級からカジュアルまでグレードや雰囲気(もちろん料金も)にかなり違いがあります。情報を集めて自分に合う島を見つけましょう。近年は国内線空港が続々誕生するなどアクセスが改善し、遠い環礁へも気軽に行けるようになりました。

★ベストシーズン
① ② ③ ④ ⑤ ⑥ ⑦ ⑧ ⑨ ⑩ **⑪** **⑫** 月

★言葉/ディベヒ語
★日本からのアクセス/コロンボ、シンガポール、クアラルンプール乗り換えでモルディブの玄関マーレ空港まで所要11〜15時間。そこから各島へはスピードボートや水上飛行機を使う

モルディブ
☆

「内省」を促す紫の絶景

PURPLE

高貴で神秘的なイメージがあるパープル。
印象そのままに、この色は体を休ませると同時に、
精神を研ぎ澄まし、
意識を自然と内に向けてくれます。
紫の絶景の中に身を置けば、自分の過去・現在・未来の姿を
静かに見つめることができるかもしれません。

オーストラリア
ザ・トゥエルブ・アポストルズ
The Twelve Apostles

モーヴ

美しいサンセットと海岸に並ぶ岩。
名前は「十二使徒」だが、実際にある岩の柱は8つ

モーヴ

ほんのり灰色がかった紫色。転じてグレイがかる色味をモーヴ系とまとめることも。薄紫色の花をつける「葵」の仏名「mauve」が語源。

切り立った崖が続く海岸線に
突如現れる巨大な奇岩群

その名は「12人の使徒」を意味します。新約聖書に示されたイエスが選んだ12人の弟子で、キリスト教を世界に広めた人たちです。メルボルンの街から、世界一美しい道路とも呼ばれるグレートオーシャンロードをドライブし4時間ほど。切り立った崖が背後に控えるビーチ沖に、人の姿にも見える奇岩群がそびえ立っています。

石灰岩層が波や風により浸食されたもので、実際には岩の柱は8本。名前は観光化に伴い付けられたものです。侵食は現在も続き2005年以前には9本ありました。この奇観は夕暮れが特に人気があります。海に沈む夕日に照らされると黄金色に輝き、マジックアワーとなれば紫色へと変化し、やがて夜の帳が下りてくるのです。

 グレートオーシャンロードへは多くツアーが出ており、途中でコアラの生息地に寄ったり、熱帯雨林を散歩したりと様々。ほとんどがザ・トゥエルブ・アポストルズで夕景を見るスケジュールになっています。

崖の上にあるビューポイント。900mほど東へ行ったところにあるギブソン・ステップからビーチに下りることができる

オーストラリア

★ベストシーズン
① ② **③** ④ **⑤** ⑥ ⑦ ⑧ ⑨ ⑩ ⑪ ⑫ 月

★言葉／英語
★日本からのアクセス／グレートオーシャンロードの起点となるメルボルンへは成田から直行便があり所要約10時間。メルボルンの町からはレンタカーがおすすめ

周辺は石灰岩の崖が続いている。
ザ・トゥエルプ・アポストルズも石灰岩なので侵食されやすく、
2005年には50mほどの高さの岩が崩壊した

モーヴ

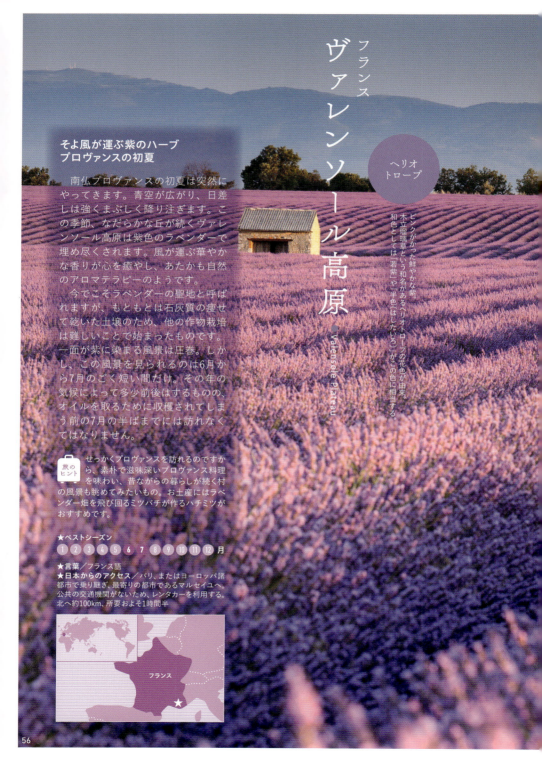

フランス
ヴァレンソール高原
Valensole Plateau

**そよ風が運ぶ紫のハーブ
プロヴァンスの初夏**

　南仏プロヴァンスの初夏は突然にやってきます。青空が広がり、日差しは強くまぶしく降り注ぎます。この季節、なだらかな丘が続くヴァレンソール高原は紫色のラベンダーで埋め尽くされます。風が運ぶ華やかな香りが心を癒やし、あたかも自然のアロマテラピーのようです。

　今でこそラベンダーの聖地と呼ばれますが、もともとは石灰質の痩せて乾いた土壌のため、他の作物栽培は難しいことで始まったものです。一面が紫に染まる風景は圧巻。しかし、この風景を見られるのは6月から7月のごく短い間だけ。その年の気候によって多少前後はするものの、オイルを取るために収穫されてしまう前の7月の半ばまでには訪れなくてはなりません。

旅のヒント　せっかくプロヴァンスを訪れるのですから、素朴で滋味深いプロヴァンス料理を味わい、昔ながらの暮らしが続く村の風景も眺めてみたいもの。お土産にはラベンダー畑を飛び回るミツバチが作るハチミツがおすすめです。

★ベストシーズン
① ② ③ ④ ⑤ **⑥ ⑦** ⑧ ⑨ ⑩ ⑪ ⑫ 月

★言葉／フランス語
★日本からのアクセス／パリ、またはヨーロッパ諸都市で乗り継ぎ、最寄りの都市であるマルセイユへ。公共の交通機関がないため、レンタカーを利用する。北へ約100km、所要およそ1時間半

ヘリオトロープ
ピンクがかった鮮やかな紫。木立瑠璃草という和名がある〈ヘリオトロープ〉の花色が由来。和色としては「若紫」や「半色（はしたいろ）」がこの色に相当する。

ヘリオトロープ

ここを訪れるなら早朝がおすすめ。
太陽が昇りきる前の光はラベンダーの花の色を鮮やかに見せ、
斜めの光が作る陰影が美しい

ボロブドゥール
インドネシア
● Borobudur

ウィスタリア

艶やかな青紫色。「藤」の英名であるウィスタリアが語源。ただ日本の「藤色」よりもくっきりと濃く表現されることが多い。

熱帯の密林に眠っていた大遺跡
謎多き神秘の姿に心奪われる

　明け方の空から星の光が次第に消えゆき、朝が訪れるころ、熱帯のジャングルは大気と地面の気温差で生まれる白い霧に包まれます。その中を進んでくとベールの向こうにこの大寺院が姿を現します。

　インドネシアのジャワ島中部にある仏教遺跡ボロブドゥール。建設が始まったのは8世紀末のことだといいます。しかし完成後まもなく王朝が崩壊し、いつしかこの寺院は忘れ去られ、密林に埋もれてしまいました。再発見で長い眠りから目覚めたのは、19世紀初頭のことでした。

　寺院といっても内部空間はありません。天然の丘に盛土をし、積み上げた岩で覆って造られているためです。いまだに謎多きミステリアスな大遺跡なのです。

旅のヒント 遺跡の上で日の出を見るツアーを、遺跡公園内にあるホテルが催行しています。暗いうちに寺院の頂上へ上り日の出を待ちます。少人数のツアーなので、朝の風景を静かに堪能できておすすめです。

この仏像も
千年以上もの間人目に触れることなく、
静かに冥想を続けてきた

インドネシア

★ベストシーズン
❶ ❷ ❸ ❹ ❺ ❻ ❼ ❽ ❾ ❿ ⓫ ⓬ 月
★言葉／インドネシア語、ジャワ語
★日本からのアクセス／首都ジャカルタから国内線でジョグジャカルタへ。乗り継ぎ時間を入れて所要約11時間。ジョグジャカルタへはアジア主要都市からの便も多い。そこからバスやタクシーで1時間半〜2時間の道のり

58

ウィスタリア

いまだに謎の多い遺跡だが、
ここが埋もれてしまった原因のひとつは、
近くの火山の影響もあるとされている

アタカマ砂漠
チリ
Atacama Desert

ヴィオレ

ヴィオレは仏語ですばり「菫」。少し赤みを帯びた「パープル」と青みがかった「バイオレット」に分類されることが多い。

世界的な気候変動の原因のひとつとされる「エルニーニョ現象」が発生するとここで花が見られることが多いという。実際に関連があるかどうかは解明されていないが……

ヴィオレ

世界で最も乾燥した砂漠に咲き乱れる花々の奇跡

　鮮やかなワイルドフラワーに埋め尽くされたこの場所が、ほんのひと月前までは赤茶けた大地が広がるだけの不毛の砂漠だったと信じられるでしょうか。

　チリのアンデス山脈と太平洋の間に広がるアタカマ砂漠。古くから南米の東西交易の通過点でしたが、2000mにもおよぶ標高、世界で最も降水量の少ない土地ゆえの乾燥という過酷さで死への道と恐れられてきました。

　ところが3〜5年に一度だけ、この花畑が奇跡のように現れることがあるのです。7月から8月にかけ季節性の大雨が降ることがあり、その後の9月頃、ほんの2週間ほどだけ花々が一斉に咲き誇ります。まさに奇跡の絶景ですが、世界的な異常気象の影響で、近年は見られるチャンスが増えています。

旅のヒント　ワイルドフラワーの開花の有無は秋から冬の気象条件によるため、ツアーの場合はこの時期の降雨状況によって催行期間が決まります。それでも現地で確実に花が見られるとも限らないので、奇跡の自然現象であることを理解し気持ちに余裕を持ちましょう。

★ベストシーズン　※確実性はない
1 2 3 4 5 6 7 8 **9 10** 11 12 月

★言葉／スペイン語
★日本からのアクセス／日本から直行便のある北米の都市で乗り継ぎ首都のサンティアゴへ。さらに国内線でコピアポへ行き、到着後、ワイルドフラワーが見られるジャノス・デ・チャレ国立公園の拠点となるワスコまで車で約2時間

チリ

ヨセミテ国立公園
アメリカ

ラベンダー
モーヴ

「モーヴ」よりも淡く、ラベンダーよりもくすみが強い。霞の中に咲くラベンダーを想起させるような優しく落ち着いた色合い。

Yosemite National Park

ラベンダーモーヴ

自然保護運動の父が愛した
アメリカを代表する国立公園

　世界的に知られる環境保護団体「シエラ・クラブ」の創設者ジョン・ミューアは、アメリカの自然保護運動の父と呼ばれています。団体の名はシエラネヴァダ山脈に由来するもの。ミューアが自然保護運動に立ち上がるきっかけとなった場所であり、この山脈の一部を成すのがヨセミテ国立公園です。

　氷河が後退した後にできたU字谷には、標高差千m以上の断崖や数百mの落差の滝があり、また園内には50m以上の巨木が集まる森もあり、いずれもが巨大なことに驚かされます。一方で渓流や湖の穏やかな風景、湿原に咲く高山植物の花々は心を癒やしてくれます。ここを訪れてみれば、なぜミューアが自然保護に立ち上がったかを理解できるかもしれません。

旅のヒント　日帰りツアーがたくさんありますが、丸一日かけてヨセミテにいられるのは3、4時間。できれば園内や公園入口付近の街に宿をとって、朝夕の太陽の光が傾いた時間帯の風景を眺めてみたいものです。

★ベストシーズン
① ② ③ ④ ⑤ ❻ ❼ ❽ ❾ ❿ ⑪ ⑫ 月

★言葉／英語
★日本からのアクセス／公園の入口までは、日本からの直行便のあるサンフランシスコから車で約4時間半、同じくサンノゼからは4時間ほど。サンフランシスコからはツアーバスも多数催行されている

ヨセミテ国立公園内、標高約2500mのところに位置するテナヤ湖の夕景。花崗岩の岩山が周囲を囲む

南アフリカ
プレトリアとヨハネスブルグのジャカランダ
Jacarandas in Pretoria & Johannesburg

アメディスタ

「アメジスト」を意味するイタリア語。語源となった石のように奥行きのある柔らかな紫色。イタリアの美術史には欠かせない存在。

紫に染まるふたつの街で、異国情緒あふれるお花見を

　南アフリカの行政の首都プレトリアと最大の都市ヨハネスブルグ。南半球の初夏となる10月頃、数万本のジャカランダが花をつけ、街を紫色に染め上げます。ジャカランダは中南米原産で、世界中の暖かな地域で植えられていますが、この2都市では街路樹としてまとまった植樹をされてきたため、花のトンネルが街中に出現し、格別の美しさを誇ります。ふたつの街は車で45分ほど。ヨハネスブルグは1週間ほど遅れて花開くことから、開花前線とともに南下してみても楽しいでしょう。

　花のかたちがラッパに似ており、ファンファーレを想起させることから、花言葉は「栄光」と「名誉」。散った花が頭に乗ると、幸せになれるという言い伝えもあり、様々なかたちで私たちを楽しませてくれます。

旅のヒント ヨハネスブルクは「ブリストルロード」がお花見スポットとして有名。プレトリアではブーゲンビリアとの競演が楽しめる「リジェルアベニュー」、ホワイトジャカランダが咲く「ハーバートベーカーストリート」などの変わり種スポットも多数あります。

ジャカランダは南米原産。南半球の都市では、日本の桜のように街路樹にしているところが多い

★ベストシーズン
① ② ③ ④ ⑤ ⑥ ⑦ ⑧ ⑨ **10** ⑪ ⑫ 月
★言葉／アフリカーンス語、英語
★日本からのアクセス／日本からの直行便はないので、香港、シンガポールやドバイ、ヨーロッパで乗り継ぎ。約18時間〜。O.R.タンボ国際空港はプレトリアとヨハネスブルクの間にあり、プレトリア市内まで電車で約45分、ヨハネスブルグ市内まで約30分

南アフリカ

アメティスタ

ヨハネスブルグのジャカランダのトンネル。
桜の花びらが道をピンクに染めるように、
散ったジャカランダの花びらが道路をパープルに染める

世界一標高の高い首都　ボリビアの天空の大都市

巨大なすり鉢状の盆地に広がるこの大都会の標高は、富士山とほぼ同じ3600mほど。発展は著しく市街地はより高い場所へと拡大を続け、上と下で700mもの差がある壮大な都市のパノラマが生まれました。宵闇に染まりだす夕暮れともなれば、高層ビルや家々の窓が灯り、暖かなオレンジの街灯と車のテールランプが光の道を作ります。

背後で白い冠雪が浮かび上がるのは霊峰イリマニ。先住民アイマラ族が守護神として信仰してきました。見守られている町ラパスの名は「平和」を意味します。民族衣装に身を包んだ人々と植民地時代の建物、大渋滞を横目に地下鉄の代わりに行き交うロープウェイと高層ビル。過去と未来が交錯する天空の都市です。

旅のヒント　最も美しく街のパノラマが見られると言われるのがキリキリ展望台。徒歩でも登れますが空気が薄いので息が切れやすく、特に夜景の場合は治安も考慮して信用できるタクシーを使って行きましょう。

★ベストシーズン
1　2　3　4　**5**　**6**　**7**　**8**　9　10　11　12　月

★言葉／スペイン語
★日本からのアクセス／まずは日本から直行便のある北米の都市まで飛ぶが、そこからラパスへの便がないことがほとんどなので、最低でももう一ヵ所経由することになる。所要時間は20～25時間

ボリビア
ラパスの夜景
Night View of de La Paz

イリス

アヤメ科の花、「アイリス」の色。青みが強い鮮やかな紫で、花名はギリシャ神話の女神、イリスにちなんでいる。紫のアイリスの花言葉は「知恵」。

都市にロープウェイの路線が複数あるのも珍しいが、
それが市民の足となっているところは世界的に見てもかなりユニーク

テカポ湖
ニュージーランド
Lake Tekapo

アメジスト

名の通り紫色の水晶として人気が高い「アメジスト」が由来の色。色味の紫が濃いほど希少性が増す。「アメディスタ」より紫が深い。

美しい世界を作りたかった夫人の思いが生んだ湖畔の花畑

　ミルキーブルーに光る湖の畔で咲き誇る鮮やかなルピナスの花。対岸の森の緑、遠くに連なる壮大なサザンアルプスの残雪の白と、まるで完成された絵画のようです。

　先住民族マオリの伝承では、カヌーでニュージーランド南島に到着した勇者が、島内を探検しながら魔法の棒で掘って造った湖のひとつとされます。実際には氷河の活動で生まれたもので、独特の色は削られた岩の粒子によります。

　1940年代の終わり、近くにあった牧場の夫人が「世界を美しくしたい」とルピナスの種を播きました。それが繁殖し、彼女が思い描いたであろう美しい花畑が生まれましたが、残念ながら生態系に影響を及ぼすことがわかり、対策が始まっています。

旅のヒント／クライストチャーチからの公共バスを使うと3時間半ほどかかりますが、マウント・クックやクイーンズタウンといった人気観光地行きの途中下車になるため、これらと合わせての訪問がおすすめです。

★ベストシーズン
① ② ③ ④ ⑤ ⑥ ⑦ ⑧ ⑨ ⑩ ⑪ ⑫ 月

★言葉／英語、マオリ語、ニュージーランド手話
★日本からのアクセス／成田から直行便でニュージーランド最大の都市オークランドへ。所要約10時間半。国内線に乗り換えクライストチャーチへ約1時間半。到着後、テカポ湖まで車で2時間ほど

ニュージーランド

アメジスト

ルピナスはもともと北米原産の植物。繁殖力が非常に強く、放っておくと在来の植物を駆逐して広まってしまうことから駆除の対象になっている

69

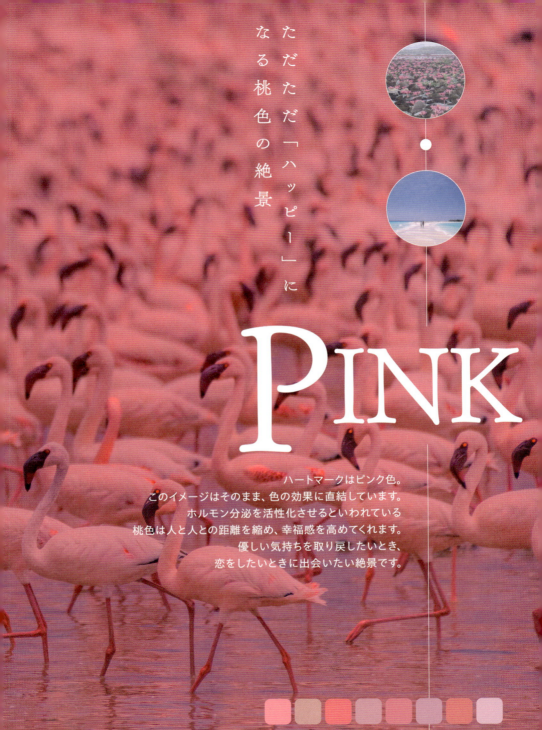

ただただ「ハッピー」に
なる桃色の絶景

PINK

ハートマークはピンク色。
このイメージはそのまま、色の効果に直結しています。
ホルモン分泌を活性化させるといわれている
桃色は人と人との距離を縮め、幸福感を高めてくれます。
優しい気持ちを取り戻したいとき、
恋をしたいときに出会いたい絶景です。

メキシコ
ラス・コロラダス
Las Coloradas

パステルカラーの絵画のような鮮やかなピンク色のラグーン

　このアートは印象派かシュルレアリスムか。どちらにせよ天然のものとは信じられないくらい鮮やかなパステルピンク色の水面が、熱帯の青い空により映えます。世界中からインスタグラマーが集まるというのも納得です。

　メキシコ湾とラグーンを隔てる狭い地峡にあるラス・コロラダス。ユカタン半島の北海岸に位置するこの小さな港町が注目されるのは、そのラグーンに造られたピンクの塩田群にあります。ただ、すべてが同じ色というわけではありません。あぜ道を挟んだすぐ隣の塩田は、ごくありふれた溜め池の色だったりもします。ピンク色に染まる塩田は、生息する赤い色素を持つ藻類と微生物によるもので、偶然の条件がいくつも重なって生まれるのです。

旅のヒント　短い見学しか許されていないため、ここだけでは時間的にもったいないので、カリブ海に面したメキシコ最大のリゾート地、カンクンからのバスツアーの参加がおすすめです。ピンクラグーンの前後にマングローブクルーズでワニやフラミンゴの群れを見ることができます。

★ベストシーズン
① ② ③ ④ 5 6 7 8 9 10 ⑪ ⑫ 月

★言葉／スペイン語
★日本からのアクセス／直行便でメキシコシティ、あるいは北米の都市で乗り継ぎ、まずはメキシコのカリブ海リゾートのカンクンへ。到着後、バスでティシミンの町まで約3時間、さらにバスを乗り継いでラス・コロラダスへ約1時間

チェリーピンク
紫がかった明るい桃色で、「ピンク」の中でちょうど中間の明度といわれる。イメージする「さくらんぼ」よりはっきりとした「ピンク」色。

メキシコ

72

チェリーピンク

航空写真でこの周辺を見ると
ラス・コロラダスのピンクやオレンジが
くっきり区切られた空間にあり、
パレットに置かれた絵の具のよう

岩や地面を掘ってここに地下都市が造られたのは、
この地域が凝灰岩という掘削しやすい地質だったのが一番の理由。
キリスト教徒がこの地に入ってくる遥か前から洞窟住居が造られていた

トルコ
カッパドキア
Cappadocia

オールドローズ

天と地から堪能する、ユニークな古代都市

　雨風の浸食によりできたユニークな奇岩が集まる古代都市、カッパドキア。トルコを代表する自然と文化が融合した世界複合遺産です。紀元前より古代オリエントの王国、ヒッタイトの拠点として栄え、6〜9世紀には迫害から逃れたキリスト教徒たちにより、地下に唯一無二の都市が造られました。

　千以上の教会や礼拝堂がある遺跡内にも見どころはたくさんありますが、ぜひ体験したいのが熱気球を使った空中散歩。日の出前に出発し、太陽が昇るにつれて刻々と景色が変化する奇岩はユニークで神秘的。特に岩肌がやわらかなピンク色に染まる日の出の時間帯は、熱気球のバーナーの火が灯籠のように空に浮かぶのもあいまって、息をのむ美しさ。古の都への思いがふくらみます。

オールドローズ
くすみがちよい赤ピンク。由来する"オールドローズ"は、品種改良された"モダンローズ"に対し19世紀末以前からあるバラの総称。

旅のヒント 宿泊はぜひ洞窟ホテルへ。雰囲気を味わうには"洞窟風"のホテルでも十分ですが、せっかくならば実際に使用されていた住居を改装した本物の洞窟部屋に泊まりたいもの。特に遺跡群の象徴であるきのこ形の「妖精の煙突」部屋は雰囲気も抜群です。

★ベストシーズン
① ② ③ ④ ⑤ ⑥ ⑦ ⑧ ⑨ ⑩ ⑪ ⑫ 月

★言葉／トルコ語
★日本からのアクセス／羽田からイスタンブールまでは直行便で13時間半。イスタンブールからネヴシェヒル・カッパドキア空港、またはカイセリ空港まで約1時間。それぞれの空港からカッパドキア観光の起点となるギョレメまでは車で約40分

中国
ラルンガル・ゴンパ
Larung Gar Gompa

フラゴナール

赤みの強い鮮やかなピンク。ロココ時代のフランスを代表する画家ジャン・オノレ・フラゴナールから名づけられた色で華やかな印象の色

かつては修行小屋や住居の数が4万戸にも達したという。中国政府により規模は縮小され、建物は近代化されつつある

フラゴナール

訪れることができない名実ともに幻の天空宗教都市

　ゴンパとは「僧院」のこと。中国四川省の西、4000ｍ級の高山地帯であるチベット自治州にあり、高僧と幾人かの弟子が移り住んだことがこの天空都市の始まりとされています。中心となる僧院の周辺に多くの修行小屋が建てられ、その数はどんどん膨れ上がって、やがてチベット仏教の聖地となる街が造られました。建物は神聖とされる「赤」で彩られ、街を行き交う僧たちが身に着けている僧服も赤。乾燥した空気のなか、それらの「赤」は淡いピンクに見えます。

　文句なしの絶景を有するラルンガル・ゴンパですが、政治的理由から度々外国人の入域が制限されてきた経緯があり、2016年に入域禁止となって以降、旅行者は立ち入ることができなくなり、名実ともに「幻」の地となりつつあります。

旅のヒント 2016年以降、外国人の入域は禁止。ラルンガル・ゴンパへの起点となる色達（セルタ）行きのバスへの乗車も外国人は難しく、完全に閉ざされた地となっています。2025年1月現在、再解放の動きは残念ながらありません。

★ベストシーズン
① ② ❸ ❹ ❺ ⑥ ⑦ ⑧ ❾ ❿ ⓫ ⑫ 月

★言葉／チベット語
★**日本からのアクセス**／成田から四川省、成都までの直行便は約5時間半。成都から起点となる色達へはバスで約15時間。※外国人の入域禁止のため、色達行きチケットも購入ができない。外国人の滞在が許されている近くの街は甘孜（カンゼ）

中国

刹那的だからこそ美しい　広大な湖面を埋め尽くす睡蓮の花

　湖面を埋め尽くす赤い睡蓮の幻想的な景色は、毎年12月から2月上旬の朝にだけ見られます。夜明けとともに開花をはじめ、太陽が高くなる昼には花は閉じてしまうのです。その儚さは極楽浄土の幻想のようです。

　素朴な農村が続くタイ東北部イサーン地方。中心都市のひとつウドーンターニーから南東へ43kmほど行ったところにノーンハーン湖はあります。普段は漁場として利用されていますが、睡蓮の花のシーズン中には国中から人々が押しよせ、漁船は観光船に使われて短いバブルが起こります。まだ夜が明けきらぬうちから無数のボートが浮かぶ光景もどこか夢の世界のよう。いまタイで最もフォトジェニックな場所として大人気です。

旅のヒント
花を見るにはウドーンターニーでの宿泊が必須です。湖のほかにも街に見どころはたくさんありますが、ナイトマーケットへはぜひ足を運んでください。日本でもファンが多い、もち米と食べる辛味と酸味が特徴のイサーン料理の屋台も並んでいます。

★ベストシーズン
① ② 3 4 5 6 7 8 9 10 11 ⑫ 月

★言葉／タイ語
★日本からのアクセス／日本から首都バンコクへは直行便で約6時間半。バンコクからウドーンターニーへ国内線で約1時間。市内から湖へは車で約40分。夜明け前には出発する必要があるため、ツアーに参加するか、前もってタクシーをチャーターしておく

別名「タレー・ブア・デーン（紅い睡蓮の海）」と呼ばれる湖。シーズン真っ盛りの1月半ばには盛大に地元の祭りが行われる

ロータスピンク

ロータスピンク

タイ
ノーンハーン湖

● Red Lotus Sea

蓮の花を想起させる紫がかった淡く、くすんだピンク色。「ロータス」はギリシャ神話の夢見心地になれる実「ロートス」が語源となっている。

セネガル
レトバ湖
Lake Retba

**ローズ
レッド**

艶やかな紫みの強い赤ピンク。「バラ色」に該当するのは「ローズ」で、「ローズピンク」はより明るい色名。「ローズレッド」より赤色が弱い。

季節により水位が変わる。
塩が溜まった湖底は白いので、浅くなるほど湖の色は明るいピンクになる

特殊な環境が揃って生まれる
ミルキーピンクの塩湖

　別名「ラック・ローズ（バラ色の湖）」とも呼ばれるセネガルのレトバ湖。ミルキーピンクに染まった姿はメルヘンチックですが、実際には海水の約10倍もの濃い塩分が含まれた厳しい環境で、魚も棲むことができません。

　湖水の鮮やかなピンクは、高濃度の塩分と、その塩分を好むドナリエラという藻の色素によるものです。この色になるのは、乾季の風が強い晴天という条件が揃った時だけ。普段は地元の人々が湖底に堆積した塩を採取し出荷しています。

　高濃度の塩分を含む湖といえばイスラエルの死海が有名ですが、ここはさらに濃度が高いといわれています。泳げない人でも体がぷかぷかと浮く体験をすることが可能です。

旅のヒント　セネガルは日本でも人気の保湿クリーム、シアバターの産地。価格も安いのでお土産に最適です。レトバ湖で塩を採取する人たちも肌荒れを防ぐため、全身にシアバターを塗ってから水に入っています。

★ベストシーズン
① ② ③ ４ ５ ６ ７ ８ ９ 10 11 ⑫ 月

★言葉／フランス語、ウォロフ語
★日本からのアクセス／直行便のあるアフリカ、中東、ヨーロッパの都市を経由して、セネガルの首都ダカールへ35時間以上。市内から車で約1時間。乗り合いバスやタクシーでもアクセス可能

ローズレッド

ホワイトサンズ国立公園

アメリカ

White Sands National Park

オーキッドピンク

「オーキッド＝蘭の花」を指す通り、紫がかった優しいピンク色。紫がより強くなると「オーキッドパープル」等、派生する色名が多い。

白砂のキャンバスが映しだす風と光の幻想風景

　青空の下では、これぞ純白という眩しさで輝きます。ここは世界でも珍しい石膏の砂漠。驚くほど粒子の細かい白い砂が一面に広がる、世界でも貴重な場所です。その白さゆえ環境を従順に映し出し、夕暮れの空の下ではピンクにも染まります。

　太古の昔、ここには外部に流れ出す川をもたない広大な湖がありました。雨や雪が近くのサン・アンドレス山脈に含まれる石膏質を溶かしながら湖水となって溜まっていったものです。やがて気候が変化し、乾燥した土地になると水分が蒸発し、かつての湖底は白い砂漠となって残りました。

　時とともに刻々と変化していく周囲の光と色彩。それを映し出す白い砂漠は、まさに大自然のキャンバスなのです。

旅のヒント 保護区となっているのは、実は砂漠の4割ほどで、あとはアメリカ最大のミサイルの射撃場として軍の管理下にあります。決められたエリアから外れると、トラブルになる可能性があるので注意しましょう。

一瞬雪に覆われた白銀の世界のように見えるホワイトサンズ。冬季、朝晩の気温はかなり下がるが日中は上がるので、雪が降っても積もることはない

アメリカ

★ベストシーズン
① ② ③ ④ ⑤ ⑥ ⑦ ⑧ ⑨ ⑩ ⑪ ⑫ 月

★言葉／英語

★日本からのアクセス／ロサンゼルス、ダラスなどの都市で乗り換えて、最寄りの空港エルパソまで所要約14時間。エルパソから車で約1時間半。サンタフェなどからツアーもある

82

日没後のピンクの空と砂丘に刻まれた風紋。
ここを訪れるなら白い砂漠が刻々と色彩を変えていく
サンセットの時間帯にいたい

オーキッドピンク

砂漠地帯であり生育する植物は限られているが、
常緑木ユッカはこの地で見られる代表的な植物

ケニア
ボゴリア湖
Lake Bogoria

カメリア

「椿」の英名。東洋原産のこの花がヨーロッパに広まったのは『椿姫』からとも。ショッキングピンクに近い、赤みが強いきっぱりとした色。

アフリカ大陸の大地溝帯に生まれた、フラミンゴの楽園

カメリア

　アフリカ大陸を縦断する「グレート・リフト・バレー」。幅約60km、全長7000kmにも及ぶ巨大地溝です。今でも年に数ミリずつ動いており、いずれアフリカを分断するともいわれています。ここには地下でつながる湖群があり、水面を鮮やかなピンク色に染めるフラミンゴの群れで知られます。

　そのフラミンゴの数は、世界の生息数の約75％を占めるといいます。大地の裂け目にあるため温泉が湧きやすく、湖群のひとつボゴリア湖の真ん中には間欠泉も噴出しています。深さ10mほどしかない浅い塩湖なので温泉成分が混じりやすく、それを栄養素として藻類やプランクトンが育ちます。それらがフラミンゴのエサとなって彼らの楽園が生まれているというわけです。

旅のヒント　ナイロビからはツアーバスも利用可能。ボゴリア湖とナクル湖を合わせた1泊2日が一般的で、グレート・リフト・バレーの裂け目を一望できる展望台への立ち寄りや、ミニ動物サファリも含まれています。

★ベストシーズン
| 1 | 2 | 3 | 4 | 5 | 6 | 7 | 8 | 9 | 10 | 11 | 12 |月

★言葉／スワヒリ語、英語
★日本からのアクセス／直行便のあるアフリカ、アジア、中東の都市で乗り換えて、ケニアの首都ナイロビへ所要約18時間半。市内からナクルへ車で約3時間。ナクルで車をチャーターし、往復で4〜5時間

ケニア

ここにフラミンゴがやってくるのは雨季の前、湖の水位が下がる8月から10月。その数は100万羽にもなるという

ロスロケス諸島

ベネズエラ

Los Roques Archipelago

オペラ モーヴ

明るい赤紫色。19世紀中頃に発見されたこの色の合成染料が、19世紀後半のオペラの流行とともに服飾や装飾具に用いられ、育っていった。

「水晶の水」と呼ばれる驚異の透明度を誇る海に浮かぶ島々

　南米ベネズエラの北の沖、カリブ海にある大小350以上もの島々からなるロスロケス諸島。カリビアンブルーの海とホワイトサンドのビーチを熱帯の強い太陽が照らせば、その美しさはこの世のものではない白日夢のよう。

　この場所が特別なのは、海の透明度の高さにあります。クリスタリンウォーター、つまり「水晶の水」と呼ばれるほどで、海岸からサンゴ礁がきれいに透けて見えます。

　サボテンやマングローブなどが生い茂る島々は自然保護に力が注がれ、入島できる観光客数にも制限があります。海鳥の楽園でもあり、とりわけ多いのがペリカンです。最も美しいと言われるクラスキ島では、ペリカンが海で魚を捕まえるシーンを見られることもあります。

旅のヒント 観光客が訪れる島はおもに3つです。中心はエル・グラン・ロケ島で、人が住んでいるのもこの島だけです。海がきれいでシュノーケリングを楽しめるのがフランスキ島。ほかにクラスキ島でもマリンスポーツが楽しめます。

ここは貴重な生態系を保護するため1972年に国立公園に指定された。そのため大規模なリゾート施設などはなく、自然そのままの美しい海を愛する人々が訪れる

★ベストシーズン
① ② ③ ④ ⑤ ⑥ ⑦ ⑧ ⑨ ⑩ **⑪ ⑫** 月

★言葉／スペイン語
★日本からのアクセス／アメリカの主要都市を経由してベネズエラの首都カラカスへ。カラカスから国内線でロスロケス諸島のエル・グラン・ロケ島へ所要約50分

オペラモーヴ

海の美しさはカリブ海一ともいわれる。
透明度の高い海は世界のダイバーの憧れ

赤の絶景は遺伝子レベルで求める「エネルギー」

RED

赤ちゃんがその名の通り「赤」色に反応するように、
人が最も認識しやすく、
影響されやすいのがこのレッド。
赤色の絶景は交感神経に働きかけ、
私たちの体温をぐんぐんと上昇させてくれるでしょう。
パワーチャージしたいときにぜひ出かけてみてください。

オーストラリア
ウルル ●Uluru

周囲9.4km、地上から最高所までの標高差が335mという巨岩。
目の当たりにして感じるのは畏怖の念だ。
ここが先住民の聖地であることを実感する

ターキーレッド

トルコを象徴する茜の根で染めた布地が由来の深い赤色。インドの「東洋茜」が発祥とされ、「西洋茜」のように紫がかっていないのが特徴。

大自然のパワーに驚嘆する
世界の中心の巨大岩は聖なる地

　太陽の動きとともにドラマチックに色を変えていく巨大な一枚岩。とりわけ朝には日が昇りだすと淡いオレンジ色となり、刻々と変化しながらやがて燃えるような赤に染まります。誰もが大自然の神秘を感じる瞬間です。

　オーストラリアの先住民アボリジニは、入植者による長らくの不幸な歴史を経て、現在は権利を取り戻し、その伝統文化が世界的に注目されるようになりました。彼らが聖地とする場所の返還も進み、「叡智の宿る地」と伝えられてきたウルルもそのひとつです。エアーズロックという英語での呼び名も改められ、登山も禁じられました。少し残念な気もしますが、その美しい姿を実際に目にすれば、聖なる思いに必ず共感できるはずです。

旅のヒント　最寄り空港への航空便は限られるので、ノーザンテリトリー州内陸部の中心都市アリススプリングスを拠点にするのも手。ウルルへはツアーバスの利用が一般的で、約5時間かかりますが、アボリジニアート見学、星空観察など多彩なアクティビティを体験できます。

かつて登ることができた岩山は
2019年10月から恒久的に登山が禁止され、
眺めるだけの存在になった

★ベストシーズン
① ② ③ ❹ ❺ ⑥ ⑦ ⑧ ❾ ❿ ⓫ ⑫ 月

★言葉／英語
★日本からのアクセス／直行便のあるオーストラリア各都市で国内線に乗り継ぎ、エアーズロック空港へ。飛行時間はケアンズから約3時間、シドニーからは約3時間半。空港からウルルへは車で約20分

オーストラリア

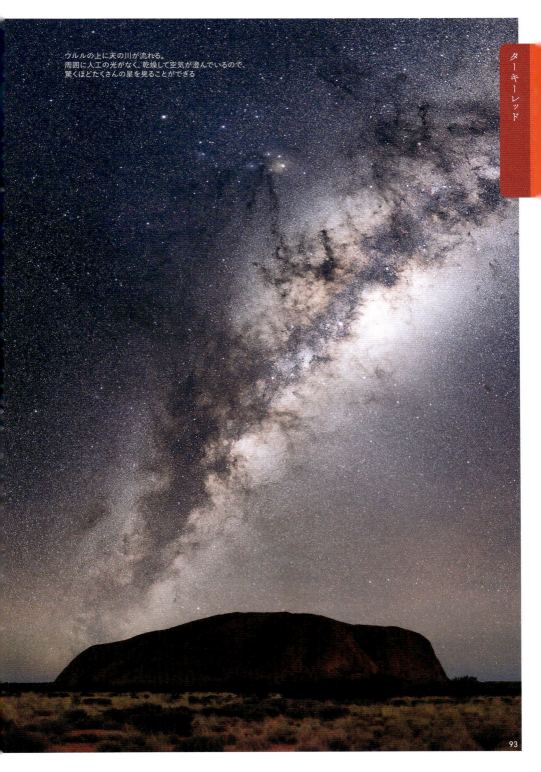

ウルルの上に天の川が流れる。
周囲に人工の光がなく、乾燥して空気が澄んでいるので、
驚くほどたくさんの星を見ることができる

ターキーレッド

観音菩薩や月下老人などほかの神様も一緒に祀られており、世界中の中華街で中心的な建物になっていることが多い

壮麗な赤で彩られたマレーシア最大の中国寺院

　東南アジア最大の中国寺院「天后宮」は、マレーシアに住む華僑の信仰の要となってきた場所。道教・仏教・儒教の要素が混じったこの宗教建築物は、華麗な装飾と細微な建築様式で参拝者を圧倒します。

　中国系マレーシア人のコミュニティーの場でもあるこの寺院。特に結婚式の撮影スポットとして人気があり、華やかな衣装を身に着けた新郎新婦の幸せそうな姿を、かなりの確率で見かけます。近年は縁結びスポットとしても有名となり、国内外から多くの観光客も訪れるようになりました。

　極彩色の建物は旧正月の時期になると赤い提灯で飾られ、よりいっそう煌びやかな雰囲気に。夜にはライトアップもされ、幻想的な光で満たされる寺院の姿は「壮麗」の一言です。

旅のヒント　寺院ではぜひ「運試し」を。「DONATION BOX」と記された六角形の赤い台に、寄付金を入れ、台上にある無数の赤い棒を一気につかみ、そのまま落とします。すると数字の書かれた1本の棒が浮き上がり、その該当番号の引き出しから運勢の書かれた紙を頂きます。

★ベストシーズン
 1 2 3 4 5 6 7 8 9 10 11 12 月

★言葉／マレー語、英語
★日本からのアクセス／クアラルンプールまでは直行便で約7時間。天后宮へはクアラルンプール のKLセントラル駅から車で10分ほど

マレーシア

マレーシア
天后宮
Thean Hou Temple

カージナルレッド

カトリック教会の高位聖職者である枢機卿の法衣と帽子に使用されることからこの名が付いた。権威を表すような落ち着いて重厚な赤色。

鮮やかな色がはじけるヒンドゥー教の祭典

　色粉や色水をかけあうことで有名なこのお祭り。ヒンドゥー教の豊作祈願の時期、悪鬼を追い払うため泥や汚物を投げつけたのが始まりだとか。もともとは田畑の緑、尿の黄色、そして血を象徴する赤色が主流でしたが、今では何色ものカラフルな粉や水をかけます。祭りは太陽暦で3月にあたる「インド暦第11月の満月の日」から2日ですが、数週間前から街は臨戦態勢に。色粉や水鉄砲が売られ始め、突然色水や色粉をかけられることも。それを見越して人々も汚れてもよい服やゴーグルを着けて過ごします。

　お祭り本番、特に2日目はヒートアップ。「ハッピー・ホーリー！」を合言葉に街中に散りばめられる色・色・色…！　無礼講の雰囲気から、治安はよいとはいえないので用心を。

旅のヒント　「インド暦第11月の満月の日」から2日間、太陽暦では3月中に該当します。インド全土で行われますが、ニューデリーが最も大規模に行われることで有名です。色粉の成分が強い場合もあるので、必ずゴーグルは忘れずに。肌が弱い人も注意が必要です。

★ベストシーズン
① ② ❸ ④ ⑤ ⑥ ⑦ ⑧ ⑨ ⑩ ⑪ ⑫ 月

★言葉／ヒンディー語
★日本からのアクセス／羽田からニューデリーまで直行便で約10時間半、成田からは約9時間半。ニューデリーでの会場はドワールカ セクター19Bなどが有名

インド

もともとヒンドゥー教の祭りだが、
現在はイスラム教徒が多いところも含めインド全土で行われている。
特に北インドのホーリーは「盛り上がり」を通り越して、
しばしば「過激」となり、トラブルも発生している

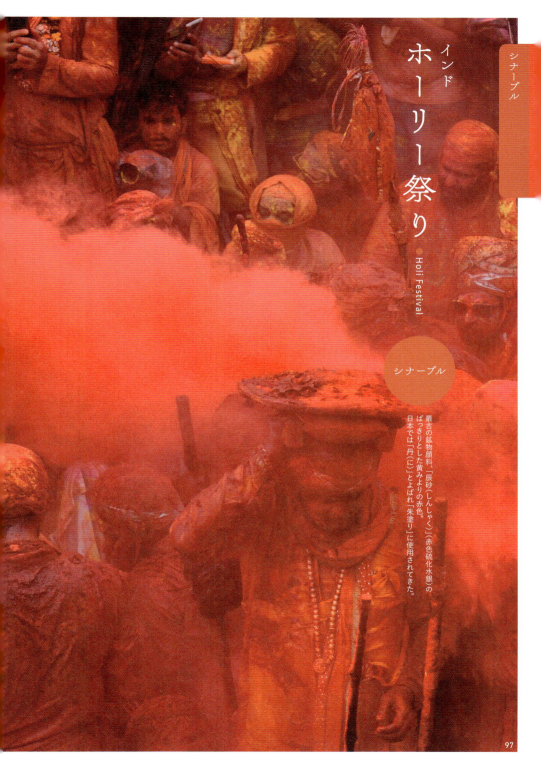

ホーリー祭り
インド
Holi Festival

シナーブル

シナーブル

最古の鉱物顔料、「辰砂(しんしゃく)」(赤色硫化水銀)のぱっきりとした黄みよりの赤色。日本では「丹(に)」とよばれ、「朱塗り」に使用されてきた。

フライ・ガイザー
アメリカ
● Fly Geyser

マロカン

別名「モロッカン」、モロッコ風を意味する色名。この地で作られたラグの色を由来とし、大地を感じる黄味がかったまろやかな赤。

人の手が生んだ偶然の奇観
熱水を噴く極彩色のドーム

　大自然はときに信じられないような造形物を生み出します。鮮やかな色の岩のドームから熱水が絶え間なく噴き出し続けるこの奇観も、温泉水が造り出したものですが、ユニークなのは誕生のきっかけ。始まりは人の手、それに自然の力が加わったものなのです。

　1916年、ここに井戸が掘られ、偶然に熱水源に当たってしまいました。1946年の地熱エネルギー調査研究終了後、この井戸は放置されてしまいます。その後も熱水は噴き上がり続け、カルシウム成分がどんどん蓄積されていきました。そして60年の歳月は高さ3mほどの不思議なドーム群を造りあげました。先端から噴き上がる熱水は1.5mほど。カラフルな色彩は熱を好む藻類によるものです。

旅のヒント　公共交通機関がないのでレンタカーを使います。ここは私有地内にあるため、すぐ近くに行くことができません。敷地の横を走る州道34号線に車を停めて、約1km弱離れた場所から眺めることになります。

周辺は雨の少ない乾燥した荒野だが、この熱泉の周辺だけは緑に囲まれている

★ベストシーズン
① ② ③ ④ ⑤ ⑥ ⑦ ⑧ ⑨ ⑩ ⑪ ⑫ 月

★言葉／英語

★日本からのアクセス／最寄りの大きな街はネバダ州のリノで、西海岸の主要都市で乗り継いで行くことができる。リノから車で2時間半

何もない荒野に突然現れる不思議な光景。
温泉に含まれる成分のせいで生成されたドームの表面は
複雑な色をしている

マロカン

物語の中に入り込んだような俗世と切り離された断崖の聖域

　ギリシャのテッサリア地方。カランバカの街を見下ろすように「メテオラ＝中空」という名の岩塔が無数にそびえるところがあります。9世紀頃からここに修道士たちが瞑想や祈りをささげるために通うようになり、11世紀はじめ頃から修道院が建てられました。16世紀には24もの修道院があったようですが、現存するのは6つ。なかでも有名な「アギオス・ステファノス修道院」からは奇岩と山、そして眼下に広がる街並みが織り成す絶景を堪能できます。特に夕暮れ時には物語の世界へ迷い込んだような雰囲気に。俗世から距離を置くため、修道士たちがここまで通ってきた理由に頷けます。

　修道院内部も貴重なフレスコ画をはじめ見どころが満載。現在も修道士たちの修行の場なので、見学の際は静かに回りましょう。

旅のヒント　急こう配で足場があまりよくない階段を登りますので、歩きやすいスニーカーなどがおすすめです。肌の露出が多い服装、またズボン着用の女性は入場できません。ズボンの上から巻くストールの貸し出しがあるようですが、服装には注意しましょう。

★ベストシーズン
① ② ③ ❹ ❺ ❻ ❼ ❽ ❾ ❿ ⑪ ⑫ 月

★言葉／ギリシャ語
★日本からのアクセス／ギリシャのアテネへの直行便はないため、中東かヨーロッパ各都での乗り継ぎが必要で、所要時間は約16時間。アテネからは鉄道を使い約4時間半でカランバカへ。メテオラ修道院群の近くまではそこから車で約1時間

ギリシャ

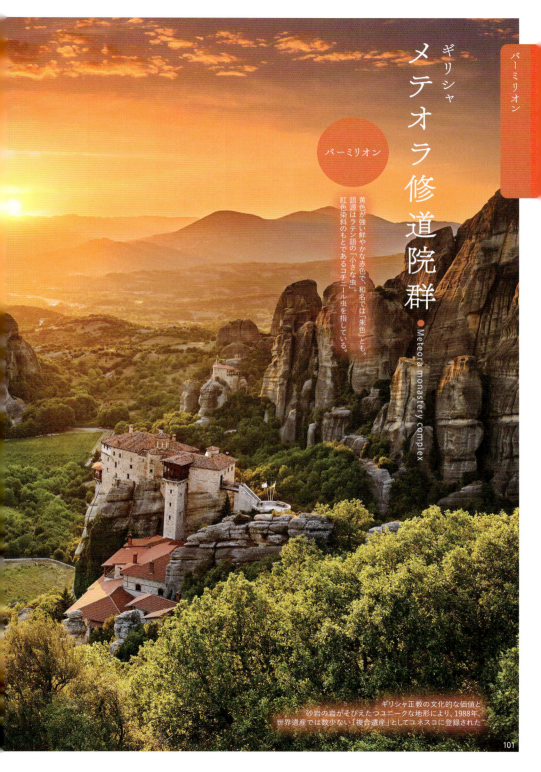

バーミリオン

メテオラ修道院群
ギリシャ

バーミリオン

Meteora monastery complex

黄色が強い鮮やかな赤色で、和名では「朱色」とも。語源はラテン語の「小さな虫」。紅色染料のもとであるコチニール虫を指している。

ギリシャ正教の文化的な価値と砂岩の岩がそびえたつユニークな地形により、1988年、世界遺産では数少ない「複合遺産」としてユネスコに登録された

SNS映えで人気が爆発した
コロラド川が生んだ不思議な景勝地

　川が急に元の方向へ流れを変え、まるでマラソンの折り返し地点のような赤い崖がそびえています。ホースシュー・ベンドとは「蹄鉄の曲がり」という意味。まさにその姿を形容しています。

　この奇観はアリゾナ州の北端近くの小さな街ペイジの郊外にあります。街から車で10分ほどのところにある駐車場から乾いた大地を歩くこと約15分。コロラド川が望める場所に行くと、足元は300ｍの切り立った断崖。柵もなく高所恐怖症の人は腰が抜けてしまうかもしれません。でも頑張って視線を前に向ければ、目の前にはこの雄大な絶景が広がっているのです。

旅のヒント 1年中訪れることは可能ですが、夏は気温が40度近い酷暑となります。河畔への短いトレイルでも歩くとなかなか大変なので避けたほうがいいでしょう。同じアリゾナのセドナからは、アンテロープキャニオンなど近隣の見どころを合わせたツアーもあります。

★ベストシーズン
1 2 ③ ④ ⑤ 6 7 8 9 10 11 12 月

★言葉／英語
★日本からのアクセス／直行便がある北米の各都市で乗り継いで、アリゾナ州の州都フェニックスへ。ここからペイジにある小さな空港へ小型プロペラ機が毎日飛んでいる。所要は約1時間15分。フェニックスから車なら約4時間半の道のり

ワインレッド

ホースシュー・ベンド
アメリカ

● Horseshoe Bend

ワインレッド

紫を帯びた暗赤色。フランスのブルゴーニュワインに由来。仏語ではブルゴーニュ、英語ではバーガンディともよばれ微妙な色味の差異あり。

深い谷を見下ろすことになるので、晴れた日は朝のうちは手前に濃い影ができてしまう。訪れるなら太陽が高い位置にある時間帯がおすすめ

103

エチオピア
エルタ・アレ火山
● Erta Ale Volcano

コクリコ

コクリコは仏語で「ヒナゲシ」。赤いヒナゲシがフランスでは一般的であり、国旗の赤色の由来という説も。「緋色」に近い鮮やかな"ザ・レッド"。

大陸を割く海より低い地溝から噴き出るマグマが魅せる太古の地球

　目の前でマグマが爆発する瞬間には、とてつもない迫力があります。現地の言葉で「煙の山」を意味するエルタ・アレ火山は、火口内にまで降りて、地球の誕生を彷彿とさせるスケールの大きな景観を見ることのできる貴重な場所です。

　火山はアフリカ東部の大地溝帯が形成する低地、ダナキル砂漠にあります。標高が海面より低い砂漠が広がり、地の裂け目にはマグマが噴出し、いくつもの火山となって活発な活動をしています。冷えて黒く固まった溶岩の隙間から、真っ赤なマグマがあふれ出してくる様は圧巻です。

　この火山が最も美しいのは夜。漆黒の溶岩湖の表面を割き、熱いマグマが妖しく神秘的なオレンジ色に浮かび上がります。

旅のヒント ダナキル砂漠は日中の気温は40度に達します。登山は早朝出発か、あるいは夜中に登って山頂でマグマを見て、明け方に下山するのも可能です。暑い上、徒歩で往復8時間かかるので体力に自信のある方向けです。

明るい時間であれば火口に溜まった溶岩の様子がよくわかる

★ベストシーズン
① ② ③ ④ ⑤ ⑥ ⑦ ⑧ ⑨ ⑩ ⑪ ⑫ 月
★言語／英語、アムハラ語
★日本からのアクセス／直行便で首都アディスアベバへ約17時間。国内線で北東部のメケレへ飛び、そこから四輪駆動車で火山のふもとまで約6時間。山頂までは4時間の登山

エチオピア

溶岩が冷えて固まった表面に亀裂ができると、
新たにそこから溶岩があふれ出す。
周囲が暗くなると、溶岩が妖しい光を放つ

ワディ・ラム
ヨルダン
● Wadi Rum

ポピーレッド

ヒナゲシはポピーのひとつ。ケシ科の植物をいくつかまとめて「ポピー」と呼ぶためか「コクリコ」より懐が広そうな黄色みのある赤。

まるで異星のような風景
赤い岩と砂が描き出す自然の造形美

　広大な砂漠の谷には、赤茶けた巨岩や奇岩、岩のアーチなどが点在し、SF小説に登場するどこか違う星のようです。近年には世界的に大ヒットした映画『DUNE/デューン 砂の惑星』や『スター・ウォーズ/スカイウォーカーの夜明け』のロケ地となり、多くのスペクタクルシーンに登場しました。

　ヨルダン南部にあるワディ・ラムは涸れ川です。砂漠の部分にはかつて豊かな水が流れていました。水は大地を削り巨大な谷を形成しましたが、約5000年前くらいから乾燥が進み、渓谷だけが残ります。さらに風の力も長い年月で加わって岩は削られ、現在のような姿になったといいます。赤い砂漠の造形美は、度重なる自然環境の変化が生んだ唯一無二の奇跡なのです。

旅のヒント ヨルダンといえば岩肌を直接掘った巨大な宮殿のような墳墓の古代遺跡ペトラが有名です。ワディ・ラムからは直線で80kmほどの距離で、合わせて訪れる人が多くなっています。この場合、公共交通は不便なのでツアーバスの利用がおすすめです。

砂漠に咲く白い花はナデシコ科の Silene Villosa。開花時期は通常2〜4月

★ベストシーズン
❶❷❸❹❺❻❼❽❾❿⓫⓬月

★言葉／アラビア語
★日本からのアクセス／直行便はなく、バンコクで首都アンマン行きに乗り換えるのが一般的。飛行時間は約16時間。アンマン市内から紅海に面した港町アカバまでバスで約4時間、アカバで乗り換えてワディ・ラムまで約1時間半

ヨルダン

106

見学する場合は四輪駆動車で移動する
ツアーに参加するのが一般的。
なかにはラクダに乗って砂漠を移動するものも

このような地形は中国南部にも存在しているが、ここは植物がないために地層の状態がよく見える

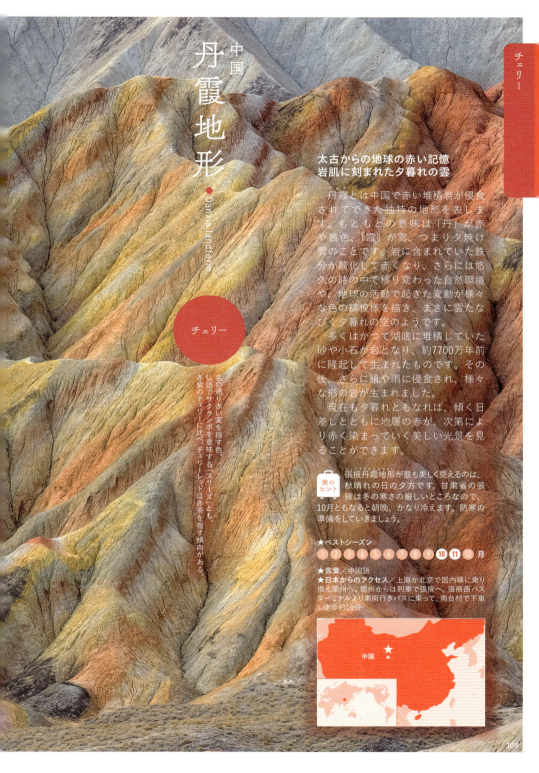

中国

丹霞地形

Danxia.landform

チェリー

太古からの地球の赤い記憶 岩肌に刻まれた夕暮れの雲

丹霞とは中国で赤い堆積岩が侵食されてできた独特の地形を表します。もともとの意味は「丹」が赤や茜色、「霞」が雲、つまり夕焼け雲のことです。岩に含まれていた鉄分が酸化して赤くなり、さらには悠久の時の中で移り変わった自然環境や、地球の活動で起きた変動が様々な色の縞模様を描き、まさに雲たなびく夕暮れの空のようです。

多くはかつて湖底に堆積していた砂や小石が岩となり、約7700万年前に隆起して生まれたものです。その後、さらに風や雨に侵食され、様々な形の岩が生まれました。

現在も夕暮れともなれば、傾く日差しとともに地層の赤が、次第により赤く染まっていく美しい光景を見ることができます。

名の通り赤い実を指す色。仏語でサクランボを意味する「スリーズ」とも。赤紫のチェリーに比べ、チェリーレッドは赤茶を指す傾向がある。

旅のヒント 張掖丹霞地形が最も美しく見えるのは、秋晴れの日の夕方です。甘粛省の張掖は冬の寒さの厳しいところなので、10月ともなると朝晩、かなり冷えます。防寒の準備をしていきましょう。

★ベストシーズン
1 2 3 4 5 6 7 8 9 **10 11** 12 月

★言葉／中国語
★日本からのアクセス／上海か北京で国内線に乗り換え蘭州へ。蘭州からは列車で張掖へ。張掖西バスターミナルより粛南行きバスに乗って、南台村で下車し徒歩約10分

中国

109

マダガスカル

バオバブの木 ●Baobab tree

**カッパー
レッド**

銅（カッパー）が酸化した様子が由来となった色で、
名の通り黄みが強い赤茶色。
和名の「赤胴色」はこの色より濃く表現されることが多い。

その異質なフォルムと存在感から
サン＝テグジュペリの小説『星の王子さま』では
星を破壊する植物として描かれた

カッパーレッド

異質なフォルムと圧倒的な存在感　奇跡の地に根を張る巨木

アフリカ大陸の東に位置する島国、マダガスカル。ここは生息する動物の90％以上が固有種という極めてユニークな生態系を形成する不思議の島。そのユニークな島の代表的な風景が、空に根を張っているような姿から「アップサイドダウンツリー（上下さかさまの木）」とも呼ばれるアオイ科の巨木、バオバブの木です。樹齢は数百年から2000年ともいわれ、樹高50m、幹の直径が15mにも達するものもあります。実は環境によりその姿が変わるこの大木、私たちがイメージするバオバブの木が見られるのはマダガスカル西部の町、ムルンダヴァから北に15kmのところにある通称「バオバブ街道」。未舗装道路の両側にバオバブの木が立ち並ぶ姿は、地球上で唯一無二の自然環境が残る島の象徴です。

旅のヒント

マダガスカルには多くの国立公園や自然保護区があり、カメレオンやトカゲといった爬虫類や色鮮やかな鳥たちが生息しています。特に観光客に人気なのは100種類を超えるといわれるキツネザル。動物園の人気者、アイアイやワオキツネザルなどの貴重な野生の姿を見ることができます。

★ベストシーズン
① ② ③ ④ **⑤** **⑥** **⑦** **⑧** **⑨** **⑩** ⑪ ⑫ 月

★言葉／マダガスカル語、フランス語
★日本からのアクセス／羽田空港からモーリシャスまで約21時間半。モーリシャスからマダガスカルまで約2時間20分。アンタナナリボからムルンダヴァまで国内線で約1時間。ムルンダヴァからバオバブ街道までは車で1時間ほど

マダガスカル

111

「生命力」をよみがえらせる橙色の絶景

ORANGE

頭上にある太陽のように私たちを温かく包み、
前向きな気分にさせてくれるのがオレンジです。
食欲増進効果などがあり、生きる力を湧き起こす色ともいえます。
気力が足りないとき、ネガティブになっているとき、
生命力に満ちあふれた橙色の絶景を目にすれば、
気分ががらっと変わるでしょう。

荒々しい山岳地帯から広々とした草原、湖や氷河など、様々な風景が見られる国立公園。公園のシンボルであり、その名前になっているのが標高2850mのトーレス・デル・パイネ

トーレス・デル・
パイネ国立公園 (チリ)
● Torres del Paine National Park

マリーゴールド

マリーゴールド

名の通り、鮮やかなオレンジ色のマリーゴールドの花色に由来する。古くからある洋名で、近似色である和名の「山吹色」より赤みが強い。

世界の果ての大自然
厳しくも美しい旅愁の地

　南米大陸の南端、コロラド川以南の地域をパタゴニアと呼びます。切り立つ高山が連なり、氷河が点在、年間を通して吹く強い風が代名詞というダイナミックな自然が広がっています。

　チリ領にあるトーレス・デル・パイネ国立公園も、そうしたパタゴニア独特の荒涼とした自然に包まれ、景観ルート「世界の果ての道」の一部も成しています。パイネは先住民の言葉で「青」、トーレスはスペイン語で「塔」。花崗岩が風化で鋭い峰となった3つの山を指す「青い峰」が公園名になっています。

　山々に傾いた日差しが当たると、岩肌の窪みの雪が黄金色に輝きます。高木が育たないゆえに広がっている草原も、日本の秋を思わせる哀愁に似た気持ちを抱かせます。

 旅のヒント　公園には厳しい環境に順応した希少な動植物が暮らし、南極、グリーンランド以外で最大級の氷原があり、できるだけゆっくり時間を取りたいところ。天候の変わりやすさも考慮すべきです。1年中開園していますが、雨が少なく晴れて日照時間が長いベストシーズンを選びましょう。

パタゴニアの草原でよく見られる
野生動物がラクダ科のグアナコ

★ベストシーズン
 月

★言葉／スペイン語
★日本からのアクセス／パタゴニア観光の拠点都市プエルト・ナタレスへは、日本から北米の主要都市を経由し、まずは首都サンティアゴへ。所要時間は30時間以上。さらに国内線で約3時間半。プエルト・ナタレスから公園へはバスで2時間ほど

ペオエ湖の小島にあるホテルに渡る橋。
印象的な山トーレス・デル・パイネを見る
ベストポイントのひとつ

マリーゴールド

ふたつの湖(ペオエ湖とノルデンショルド湖)の間にある滝。
サルト・グランデと呼ばれる落差15mの滝は、
青い氷河の融水が飛沫を上げて流れ落ちる

ドブロヴニク
クロアチア
Dubrovnik

オランジュ

はっきりとした黄赤。元となる「オレンジ」より赤みが強い。柑橘類の表皮の色に由来。フランスの伝統色で、仏名のオランジェが語源。

中世の佇まいを残す
アドリア海に臨む城塞都市

　紺碧のアドリア海に突き出した小さな半島に、家々が立ち並ぶ風景はおとぎの世界のよう。ドブロヴニクは中世にはヴェネツィアと並ぶ海洋都市国家として栄えました。旧市街を囲む強固な城壁はその名残です。

　オレンジの屋根は復興の象徴。1991年にユーゴスラヴィアが崩壊すると内戦が勃発し、この美しい街も戦場になりました。生々しい弾痕は今も建物の壁のそこかしこに残ります。終戦後、再建はわずか3年で成し遂げられました。雨が少ないため瓦は素焼きで十分で、新しい屋根はその粘土が含む酸化鉄が生む色で統一されています。

　迷路のような石畳の小径を歩き、砦の上からは家々を見下ろし、山の展望台から全景を望み、平和を取り戻した街を楽しみましょう。

旅のヒント ジブリ映画『紅の豚』と『魔女の宅急便』に出てくる街に似ているといわれているドブロヴニク。城壁の半島が海に突き出す印象的な全景は、背後のスルジ山から見られます。ケーブルカーで気軽に登れますが、夏のピークには混雑が激しいのでタクシーのチャーターもおすすめです。

旧市街を囲む堅牢城壁。周囲2kmあまり、高さは最大で20mを超え、壁の厚さは6mもある。現在は旧市街を眺める絶好の展望台になっている

★ベストシーズン
1 2 3 4 **5 6 7 8 9 10 11** 12 月

★言葉／クロアチア語

★日本からのアクセス／日本からの直行便はなく、ヨーロッパ内での乗り継ぎ便を利用してドブロヴニクへ。より便数の多いクロアチアの首都ザグレブをゲートにし、国内線かバスでアクセスすることも可能

青いアドリア海とオレンジ色の屋根の対比が、
ドブロヴニクの美しさの源泉

オランジュ

アメリカ
セコイア国立公園
Sequoia National Park

地球最大の生き物セコイア 迫力の命のパワーに息を呑む

空に向かって真っすぐ伸びる巨木の森は、まるで天を支える神殿の柱のよう。この針葉樹の巨木はセコイア・デンドロン。現在の地球上で最も大きい生き物です。樹高はときに100mを超えることもあり、幹の直径は10m以上に達します。

カリフォルニアにあるセコイア国立公園には、このセコイア・デンドロンが群生しています。樹齢2000年という巨木の林を行く神秘的なトレイルを歩けば、思わず息を呑む驚きと出会うことでしょう。

隣接するキングズ・キャニオン国立公園には、「シャーマン将軍の木」と名付けられたセコイア・デンドロンがあります。樹高こそ84mほどですが、1本でアメリカの平均的な住宅が30軒以上建つ体積があり、地球上最大の生体です。

旅のヒント
キングズ・キャニオン国立公園とはひとつの公園として管理されており、セコイア・キングズ・キャニオン国立公園とも呼ばれます。全米で最深の渓谷や、多くの氷河湖があるシエラ高山地方など、多様な自然が特徴。入場料も共通なので、ぜひ合わせて訪ねましょう。

★ベストシーズン
1 2 3 4 5 ⑥ ⑦ ⑧ ⑨ ⑩ 11 12 月

★言葉／英語
★日本からのアクセス／まず直行便でロサンゼルスかサンフランシスコへ。セコイア国立公園は両都市の間にあり、車でロサンゼルス約3時間半、サンフランシスコからは約4時間半

ロー シェンナ

ローは「生の」、シェンナはイタリアの「シエナ地方」のことで、この地で採れる黄土を指す。濃い黄赤。黄土を焼いた色として「バーントシェンナ」がある。

ローシェンナ

この地が国立公園に制定され自然が保護されるようになる前、19世紀後半に材木として多くの木が伐採された。なかには樹齢3000年を超える木もあったという

アイスランドは高緯度にあるため、夏は極端に日が長く、冬はその逆。
ここで夕陽を眺めたいなら、季節(どこに日が沈む)と
時間(いつ日が沈む)をしっかり確認しておきたい

水のカーテン越しに見る表情豊かな大自然

　滝から流れ落ちる水のカーテン越しに、夕日を見たことがあるでしょうか。傾き始めた日差しは岩肌を黄金色に染め、水しぶきもキラキラと輝きます。それはえも言われぬ美しさです。

　滝つぼ上の崖に窪みがあって、裏側に回れる場所は世界各地にありますが、アイスランド南部にある落差40mの滝「セリャラントスフォス」は、周囲の美しい自然と、それが見せる様々な表情がとりわけ秀逸です。

　日中は落ちる水越しに青空を。水しぶきには虹も架かります。日没後には、運が良ければオーロラと滝の競演も見られるでしょう。滝を囲む緑の大地には季節の花々が咲き誇ります。気温が氷点下になる寒い冬だけは氷に覆われますが、それもまた神秘的です。

旅のヒント アイスランドは知る人ぞ知る美食の国で、豊富な海産物や肥えた土地で育った羊肉、温泉の地熱を利用して栽培される野菜など、恵まれた素材を使った料理が楽しめます。

★ベストシーズン

| 1 | 2 | 3 | 4 | 5 | 6 | 7 | 8 | 9 | 10 | 11 | 12 | 月 |

★言葉／アイスランド語

★日本からのアクセス／直行便はなく、ヨーロッパの都市で乗り継ぎ首都レイキャビクへ。北欧の主要都市からが便数が多い。市内からはレンタカーで約1時間40分。現地ツアーもある

アイスランド

アイスランド
セリヤラントスフォス
● Seljalandsfoss

アプリコット

淡く優しい黄赤で「アプリコット＝杏」の果実の色が由来。英語の色名として日本に伝わり、明治期に「杏色」として広まったとされている。

アメリカ

イエローストーン国立公園
● Yellowstone National Park

キャロット オレンジ

赤みが強い、鮮やかな黄赤。黄赤色素の総称である「カロテノイド」は「キャロット」の英名「にんじん」が語源になっている。

生と死が隣り合わさる
地球の活動を証明する地

　湯気を漂わせる鮮やかなブルーの天然プールは、ここが「ホットスポット」であることを証明するもの。イエローストーン国立公園の地下、わずか数kmにはマグマ層があり、一帯では温泉、間欠泉、泥壺、噴気孔などの熱水現象とよばれるものすべてが見られます。その数は約1000で、世界の約半分を占めています。

　公園の面積は四国の約半分ほどもあり、バイソン、グリズリー、エルク、オオカミなど、北米で一番多く野生動物を見られる場所としても有名です。1872年に世界初の国立公園として誕生して以来、現在まで全米の人々が憧れる旅先ともなっています。ここを訪れると、地球のパワーが時に厳しくも、豊かな命を守っていることを気づかされます。

旅のヒント　公園はとにかく広いので、なるべく日程は長く取り、目的地も絞ることが大切です。外せないのは「グランド・プリズマティック・スプリング」。この温泉池は中央が深い青で、外側へ向かって緑に、周囲はバクテリアによるオレンジや黄色の土という極彩色の地です。

園内で最も有名な間欠泉「オールド・フェイスフル・ガイザー」。フェイスフルというのは「忠実」という意味で、文字通り観測当初から現在まで100年以上の間一定の間隔で忠実に蒸気を吹き上げている

★ベストシーズン
1 2 3 4 5 **6 7 8 9** 10 11 12 月

★言葉／英語
★日本からのアクセス／ゲートウェイとなる都市はワイオミング州ジャクソン。日本からの直行便はないので、北米の主要都市で乗り継ぐ。所要は約18時間。市内からイエローストーン国立公園までは車で約2時間

124

キャロットオレンジ

「グランド・プリズマティック・スプリング」と呼ばれる熱泉水。
鮮やかな色は水中のバクテリアによるもの。
直径約80mで深さは約50m。水温は70度にもなる

野をオレンジ色に染めるのはデイジー。ナマクワランドで見られる代表的な花

南アフリカ ナマクワランド
Namaqualand

クロムオレンジ

乾いた砂漠に突然姿を現す幻のような花の絨毯

　アフリカ大陸の南西部に広がる巨大なカラハリ砂漠。その南アフリカ共和国の領内にナマクワランドと呼ばれる場所があります。そこでは8月から9月にかけての数週間だけ、美しいワイルドフラワーが咲き乱れます。花の色は黄、オレンジ、青、ピンク、白、紫と実に多彩。まさに幻の花の楽園です。

　花の種類は4000種ともいわれます。冬にわずかな雨が降ると地中の種子が目覚め、春になって開花します。種類によって最盛期が異なるため、リレーをするように異なる花が咲いては交替していきます。

　しかし、花がいつどこで咲くかは誰にもわかりません。シーズンになると人々は噂をもとに、花畑を探して四輪駆動車で砂漠を駆け巡ります。

クロムオレンジ
まろやかな黄赤。19世紀初頭に鉛酸とクローム塩より生まれた「クローム顔料」。クロームとはギリシャ語で「皮膚の色」。

旅のヒント 花が咲くのは8月中旬から9月上旬ですが、その年の気候や降水量によって時期がずれるため予測は難しいです。花園の中にスプリングボックやオリックス、ダチョウなどの野生動物を見られることもあります。

★ベストシーズン
① ② ③ ④ ⑤ ⑥ ⑦ **8 9** ⑩ ⑪ ⑫ 月

★言葉／英語、アフリカーンス
★日本からのアクセス／ヨーロッパ、アジアを経由してケープタウンまで約20時間。観光の拠点となるスプリングボックまでは車で6〜7時間。ナミビア側からアクセスすることも可能

南アフリカ

アメリカ
アンテロープ・キャニオン
Antelope Canyon

マンダリンオレンジ

黄色みが強い明るい黄赤。中国清朝の官服を西洋人が「マンダリン」と呼んだことによる。同じ柑橘系由来の色味「タンジェリン」は赤みが増す。

一筋の水の流れと歳月が作る神秘的な奇跡の峡谷

アリゾナの大地は森も育たない砂岩のため地面に保水力がありません。雨が降るとひとつの溝に水が集まり鉄砲水となります。長い年月、その繰り返しで侵食され、極端に狭く深い谷が形成されていきました。そんな谷のひとつアンテロープ・キャニオンは、幅が3m、深さが20m、岩壁に水の流れが模様となって残る神秘的な空間です。

ここでは夏から秋の太陽が真上に来る正午前後にだけ、細い隙間から太陽の光が差し込みます。その幻想的な光の筋は「ザ・ビーム」と呼ばれ、何か不思議なパワーを感じます。

先住民族ナバホ族の居留区内にあり、許可なく見学することはできません。また急な雨で鉄砲水の危険もあるため、訪問はツアー参加が必須となっています。

> **旅のヒント** ツアーで通常訪れるのはアッパー・アンテロープ・キャニオン。数km離れたところには、幅がもっと狭く、距離が長いロウアー・アンテロープ・キャニオンがあり、こちらは見学自由ですが、梯子や階段が多く歩くのは少し大変です。

光が差し込むと峡谷全体がオレンジ色に染まる

★ベストシーズン　1 2 3 4 5 6 7 8 9 10 11 12 月
★言葉／英語
★日本からのアクセス／ロサンゼルスなどの都市で乗り換えて、ラスベガスのハリー・リード国際空港へ（所要約15時間）。そこから車で約4時間の最寄りの街ページに行きツアーに参加する

見上げると岩の割れ目から青い空が少しだけ見える。流れる水の力だけで造り上げられた空間に、改めて自然の偉大さを感じる

マンダリンオレンジ

シャマレル
モーリシャズ
● Chamarel

オレンジ

黄赤のベースであり、世界の伝統色で、基本色彩語のひとつ。インド原産のオレンジは15〜16世紀に世界に広まり、色名としても定着した。和名は「橙色」。

異なる地質の層が露出して
様々な色の大地を作るところは世界中にあるが、
ここがユニークなのは地表が化学反応で複雑な地面の色を作り出していること

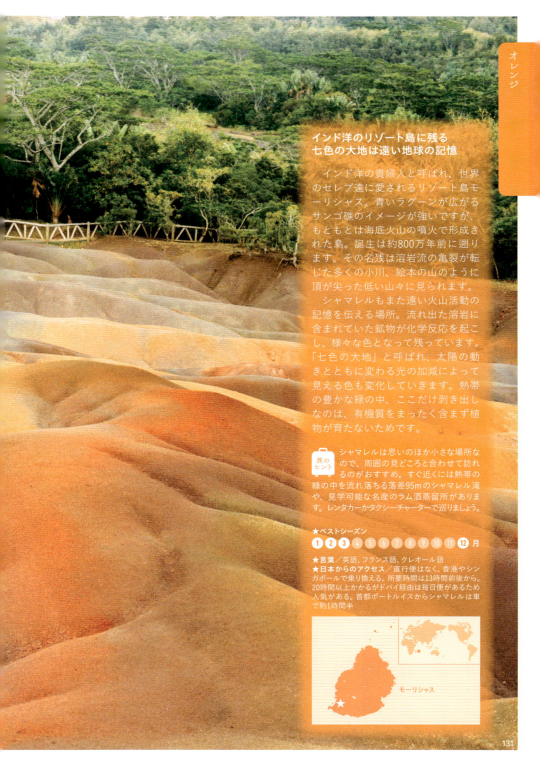

オレンジ

インド洋のリゾート島に残る
七色の大地は遠い地球の記憶

　インド洋の貴婦人と呼ばれ、世界のセレブ達に愛されるリゾート島モーリシャス。青いラグーンが広がるサンゴ礁のイメージが強いですが、もともとは海底火山の噴火で形成された島。誕生は約800万年前に遡ります。その名残は溶岩流の亀裂が転じた多くの小川、絵本の山のように頂が尖った低い山々に見られます。

　シャマレルもまた遠い火山活動の記憶を伝える場所。流れ出た溶岩に含まれていた鉱物が化学反応を起こし、様々な色となって残っています。「七色の大地」と呼ばれ、太陽の動きとともに変わる光の加減によって見える色も変化していきます。熱帯の豊かな緑の中、ここだけ剥き出しなのは、有機質をまったく含まず植物が育たないためです。

旅のヒント　シャマレルは思いのほか小さな場所なので、周囲の見どころと合わせて訪れるのがおすすめ。すぐ近くには熱帯の緑の中を流れ落ちる落差95mのシャマレル滝や、見学可能な名産のラム酒蒸留所があります。レンタカーかタクシーチャーターで巡りましょう。

★ベストシーズン
① ② ③ 4 5 6 7 8 9 10 11 ⑫ 月

★言葉／英語、フランス語、クレオール語
★日本からのアクセス／直行便はなく、香港やシンガポールで乗り換える。所要時間は13時間前後から。20時間以上かかるがドバイ経由は毎日便があるため人気がある。首都ポートルイスからシャマレルは車で約1時間半

モーリシャス

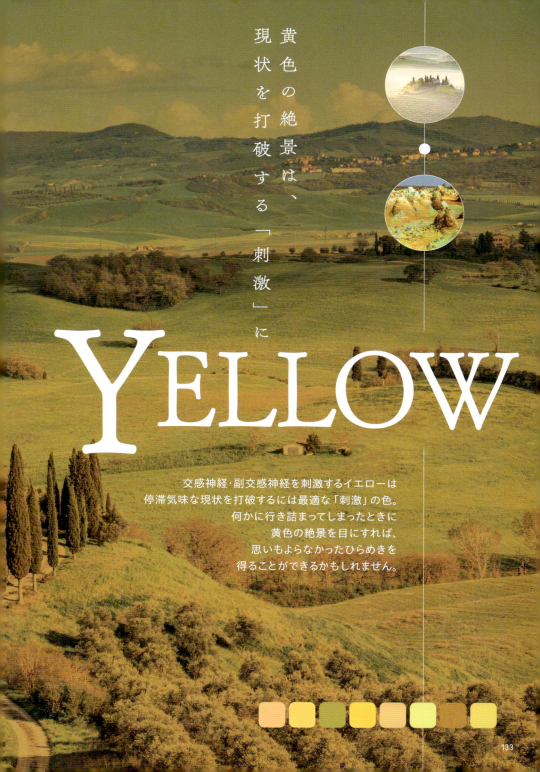

YELLOW

黄色の絶景は、現状を打破する「刺激」に

交感神経・副交感神経を刺激するイエローは
停滞気味な現状を打破するには最適な「刺激」の色。
何かに行き詰まってしまったときに
黄色の絶景を目にすれば、
思いもよらなかったひらめきを
得ることができるかもしれません。

ゴールデンイエロー

ミャンマー
Bagan バガン

壮大な仏教遺跡群が空から眺められる熱気球のツアーは
乾季の10〜4月に催行される。
通常は気流が安定している早朝に行われる

ゴールデンイエロー

赤みの強い黄色で、名前の通り「ゴールド」(金色)を印象づける華やかで明るい色。和名の山吹色に近いが、明るさや艶やかさが加わった色み。

朝もやのなかに無数の仏教建築
幻想世界が広がる川辺の遺跡

　朝もやのなか、ぼんやりと朝焼けに染まる仏教遺跡群の上を、いくつもの気球が浮かび上がりはじめます。3000ともいわれる大小様々な仏教遺跡が点在するバガン。周囲にビルもタワーもない約40㎢もの広大な平野では、気球が特等席なのです。

　ヒマラヤ山脈を源に、北から南へと縦断し、アンダマン海に流れ込むミャンマーの母なる川エーヤワディー。その中流域に遺跡群はあります。11〜13世紀に栄えたミャンマー最初のバガン王朝が建てたパゴダや寺院と伝えられています。

　建立当初は壁を漆喰で仕上げ、白色をしていたものが、時を経てレンガが剥き出しになっています。しかし赤土の大地と一体化したその色は、より荘厳な神聖さを感じさせます。

 旅のヒント　ミャンマーの国内線は欠航や遅延が多く、余裕をもったスケジュールを組むことが大切です。また、国内情勢が不安定なため、日本の外務省が渡航に関する注意を発出している場合は、無理な旅行はしないことをおすすめします。

カンボジアのアンコールワット、
インドネシアのボロブドゥールとともに、
バガンは世界三大仏教遺跡のひとつに数えられる

ミャンマー

★ベストシーズン
① ② ③ ④ ⑤ ⑥ ⑦ ⑧ ⑨ ⑩ **11** **12** 月

★言葉／ミャンマー語
★日本からのアクセス／成田から首都ヤンゴンへの直行便は運休中。アジアの主要都市からは便が豊富なので乗り継いで行く。ヤンゴンからバガンは国内線で約1時間

ゴールデンイエロー

貴重な世界遺産を後世に伝えるため、
数ある仏教遺跡の修復や保存に多くの日本人専門家が協力している

一面の花畑はひまわり油をとるためのものなので、収穫時期になると一斉に刈り取られてしまう。
行ってみたけれど花がない！ということにならないように、事前に場所と時期をしっかり確認しておきたい

スペイン
アンダルシアのひまわり

サンフラワー

Sunflower Fields in Andalusia

サンフラワー／「向日葵」の通り、ほんのり赤みがある明るい黄色。19世紀後半に科学染料により誕生した夏を象徴する比較的新しい色調

地平線まで続く黄色が空の青と鮮やかにコントラストを描く

本格的な夏が訪れ始める6月上旬のスペイン。とりわけ、ひまわり畑が広がる南部のアンダルシア地方の日差しは、肌をさすように強烈になります。雲ひとつない青空の下、太陽に向かって一斉に咲く一面のひまわりの風景は、私たちが抱いているスペインへの憧憬のひとつですが、夏のこの地方は「スペインのフライパン」と呼ばれるほどの高温に。しかし、大地を埋め尽くすひまわりを見ていると、それに負けない強い生命力を感じさせてくれるのです。

ひまわりの花の黄色、空の青、点在する農家の白い壁。すべての色彩が鮮烈でありながら、1枚の絵画のようなコントラストを描き、見る者すべてを感動させます。

旅のヒント ひまわりを見るならレンタカーがおすすめです。バスを利用するならセビーリャ近郊のカルモナを目指しましょう。バスはひまわり畑のなかを抜けて丘の上にあるカルモナに到着します。ここからどこまでも続くかのようなひまわり畑を眼下に見渡せます。

★ベストシーズン
1 2 3 4 5 **6 7** 8 9 10 11 12 月

★言葉／スペイン語
★日本からのアクセス／ヨーロッパや中東の主要都市を経由してスペインの首都マドリッド、あるいはバルセロナへ。マドリッドからセビーリャまでは高速鉄道AVEで約3時間、バルセロナからは空路で約1時間半。そこからカルモナまでバスで約50分

ライン渓谷
ドイツ
● Rhine valley

アンティック ゴールド

くすみがある黄色。時を経て変色した黄金のように、落ち着いた輝きを内包しているような色み。別名で「オールドゴールド」という呼び名もある。

おとぎ話の世界を船で行く
ザ・ロマンティック・ライン

スイスアルプスを源とし、ドイツ、フランス、オランダを経て北海に注ぎ込む、西ヨーロッパ最大の国際河川ライン川。そのうちドイツ中部にあるライン渓谷周辺は、ブドウ畑が広がり、古城が点在する景勝地。南端のビンゲンから北端のコブレンツまでの65kmは「ロマンティック・ライン」と呼ばれ、世界遺産にも登録されています。

クルーズはフランクフルトに近いマインツが起点となっており、川沿いであれば好きなところから乗船が可能。船上より渓谷を見上げると、かつて行き交う船からの徴税を担っていた石造りの古城が次々と現れ、中世にタイムトリップしたような気分に。ホテルとして営業をしているところも多いので古城ステイも体験してみたいもの。

旅のヒント 有名なシェーンブルク城やリーベンシュタイン城など、古城に宿を決めたら、味わってみたいのがドイツワイン。リューデスハイムにある「つぐみ横丁」には多くのワイン酒場が集まっており、寒冷なこの地で甘みが凝縮された白ワインを楽しめます。

ニーダーハイムバッハにあるゾーネック城。いつ建設されたものかわかっていないが、13世紀後半の文献にはこの城の存在が記されている。古城ホテルではないが、内部は見学可能

★ベストシーズン
1 2 3 4 **5 6 7 8 9** 10 11 12 月

★言葉／ドイツ語

★日本からのアクセス／羽田からフランクフルトまで直行便で約15時間。フランクフルト空港からマインツまでは、快速列車で約20分、ビンゲンまでは約50分。ライン渓谷中流上部北端のコブレンツからデュッセルドルフまでは特急ICで約1時間

ビンゲンから15kmほど下ったところにある、人口2000人弱の小さな街バッハラッハ。川に面した日当たりのいい斜面はブドウ畑になっている

アンティックゴールド

ダナキル低地

エチオピア

● Danakil Desert

地上で最も地下に近い谷
世界一過酷な自然が生む奇観

地球上で最も過酷な場所。エチオピア北部にあるダナキル低地はそんな風に形容されます。地下のマントルが上昇して地殻にぶつかり、大地を引き裂いたアフリカ大地溝帯に位置し、標高は海抜より下。火山活動が非常に活発で、硫黄などの鉱物を含む温泉があちこちで噴き出し、地球ではないような無機質で、しかし色鮮やかな奇観が広がります。

乾燥した砂漠気候で夏の気温は50度にも達することもあり、河川は海へたどり着く前に干上がってしまいます。それにもかかわらず、人はこの地でも営みを続けてきました。

アファール族は2000年も前からダナキル低地で暮らしてきました。現在も地溝帯にある岩塩を切り出して売って生計を立てています。

旅のヒント 見どころは思いのほか多彩です。噴出する硫黄ガスで黄色く染まるダロール火山、火口にあふれる赤いマグマが見られるエルタ・アレ火山（P104-105に掲載）、ウユニ塩湖を思わせるアッサル塩湖などが代表。暑さ対策は必須ですが、溶岩原などでけがをしやすいので長ズボンがおすすめ。

クロムイエロー

クロム酸鉛が主成分の顔料のひとつで、明るい黄色が「クロムイエロー」。ゴッホが好んだ色で「ひまわり」もこの色で描かれた。和名は「黄鉛」。

地下から染み出した硫黄やミネラルが沈殿し、乾いた砂漠に色鮮やかな世界を現出させている

★ベストシーズン
① ② ③ ④ ⑤ ⑥ ⑦ ⑧ ⑨ ⑩ ⑪ ⑫ 月

★言葉／アムハラ語
★日本からのアクセス／成田から直行便でエチオピアの首都アディスアベバまで約17時間。国内線に乗り継ぎメケレまで約1時間半。ダナキル低地は個人で行くことはほぼ不可能なため、メケレで2泊3日から3泊4日のツアーに参加する

エチオピア

142

クロムイエロー

不思議な風景を作り出しているのはダロール火山の火山活動。
噴火口が海抜マイナス50mにある、世界で最も低い火山だ

砂漠と海、圧巻のコントラストが心に沁み込む

　ウォルビスは現地の言葉で「クジラ」の意。ナミビア中部沿岸の港湾都市ウォルビス・ベイから60kmほど南下すると海沿いに広大な砂丘が現れます。四輪駆動の車を使用したツアーでしか来ることができない特別な場所。かなりの急こう配である砂山を登りきると、サフランイエローに輝く砂漠とインディゴブルーの海のコントラストが目に飛び込みます。近くには「サンドイッチハーバー」とよばれる砂漠と砂漠に挟まれた湾があり、この名称をキーワードにツアーを探しましょう。

　この一帯は野生のフラミンゴが飛来するので、時期によってはピンクの群れに遭遇することができるかも。また都市名の通り、クジラを間近で見られる船上のホエールウォッチングツアーも盛んです。

旅のヒント ウォルビス・ベイの名産はカキ。レモンやタバスコをかけて頂くのが現地流。桟橋を通っていく海上レストランもあり、また船上ツアーでも"ウォルビス・ベイ・オイスター"が提供されるので、海風を感じながら心ゆくまで堪能できます。

★ベストシーズン
1　2　3　4　**5　6　7　8　9　10**　11　12 月

★言葉／英語、アフリカーンス

★日本からのアクセス／日本から直行便はないので、香港、シンガポール、ドバイなどで乗り継いでヨハネスブルグへ。さらに乗り継ぎナミビアの首都ウィントフックへ。所要時間約24時間。ウォルビス・ベイまでは車で約5時間

サフランイエロー

ナミビア
ウォルビス・ベイ
● Walvis Bay

サフラン
イエロー

クロッカスの一種で、主に秋に花をつける「サフラン」。
その乾燥させためしべからとった色がよく知られるもの。
わずかな赤みがある明るい黄色。

不毛の地に見えるナミビアの砂漠地帯だが、
ツアーに参加するとジャッカルやオリックス、アザラシなどの動物、フラミンゴなどの鳥類、
そして過酷な環境に負けず根を広げた植物を目にすることができる

オルチア渓谷 イタリア

Orcia Valley

レモンイエロー

レモンの実の色に由来し、「イエロー」よりも緑みを帯びており、鮮やかで眩しい黄色。19世紀にヨーロッパで生まれ、日本でも「檸檬色」として広まった。

先人たちが作り上げた
自然と一体化した優しい田園風景

うねるように重なる緑の丘は、どこまでも続くかのよう。点在する小さな集落と空高く伸びる糸杉。早朝にはたちこめた霧が、柔らかな太陽の光を受け、風景に優しいアクセントを加えます。そんな牧歌的な田園のなかを行く街道は、かつてローマやエルサレムへの巡礼の道でもあり、中世の面影をそのままに残す街を結んでいます。

イタリア中西部、トスカーナ地方のオルチア渓谷。作物が育たない不毛の地を、先人たちが700年も前から大規模な開墾を続けました。その結果広がったワイン用のブドウやオリーブの畑が、自然と一体化する美しい風景を生んだのです。ルネッサンスの絵画にも描かれ、現在も写真撮影の愛好家たちが好んで訪れます。

旅のヒント 起点のピエンツァも世界遺産に登録された中世の古い街です。ピッコロミニ広場には大聖堂、教皇の館など贅を尽くした建物が連なっています。郊外の風景を楽しむのはもちろん、旅情豊かな街並みを味わう時間もぜひ用意しておきましょう。

渓谷という名前がついているが、実際は緩やかな起伏の丘が幾重にも続く広い盆地

★ベストシーズン
1 2 3 **4 5** 6 7 8 9 **10 11** 12 月

★言葉／イタリア語
★日本からのアクセス／空路ローマへ。まず列車でキウージへ行き、バスに乗り換えてモンテプルチャーノ、再び乗り換えてピエンツァへ。ピエンツァの南にオルチア渓谷が広がっている

レモンイエロー

丘の上にはこのように一軒家が建っていることもあれば、
城壁に囲まれた小さな村が造られていることもある

147

タイ
コムローイ祭り ● Khom Loi Festival

トパーズ 　宝石のトパーズはピンクやオレンジ、ブルーなど様々な色味があるが、和名を「黄玉」と呼ぶように、色名では濃い赤みを帯びた黄色を指す。

幻想的な光景に酔いしれた翌日、周辺に落ちたランタンが大量のごみとなっていたり、火のついたランタンが原因で火災が発生してしまうのを防ぐため、タイ政府によって打ち上げ基数の制限が設けられるようになった

無数の願いが空に放たれる圧巻のランタン祭り

名作アニメ映画『塔の上のラプンツェル』のモチーフにもなった無数のランタン（＝コムローイ）を夜空に浮かべるこのお祭り。チェンマイで催されるものが有名ですが、実はタイ全土で開催される「ロイクラトン」とよばれる仏教行事のひとつなのです。仏様に感謝をささげるため、バナナの葉で蓮の花をかたどった灯籠をつくり、川へ流したことが始まりとされるこの行事。雨季が明ける11月に水場で行われる灯籠流しが主流でした。しかしチェンマイでは「2番目の満月」を意味するイーペンサンサーイの夜に、僧が唱える読経のなか、ランタンを飛ばす風習が定着。その幻想的な光景に魅了された多くの観光客とともに無病息災の願いを空に放つお祭りとなりました。

コムローイ祭りは、11月の2日間の開催。絶景をつくりだすため、多くのランタンを飛ばす必要があり、3000〜4000人規模の大会場が設営されます。チケット制となっているところもあり、知名度も高まっているため、航空券、宿なども含めて早めの予約が必須です。

★ベストシーズン
① ② ③ ④ ⑤ ⑥ ⑦ ⑧ ⑨ ⑩ ⑪ ⑫ 月

★言葉／タイ語
★日本からのアクセス／関西国際空港からチェンマイまでは直行便で約6時間。羽田からはバンコクの乗り継ぎで約10時間。チェンマイから各会場へはバスやタクシーを利用できるが、お祭り当日は非常に混雑するため、現地移動も含まれたツアーをうまく使いたい

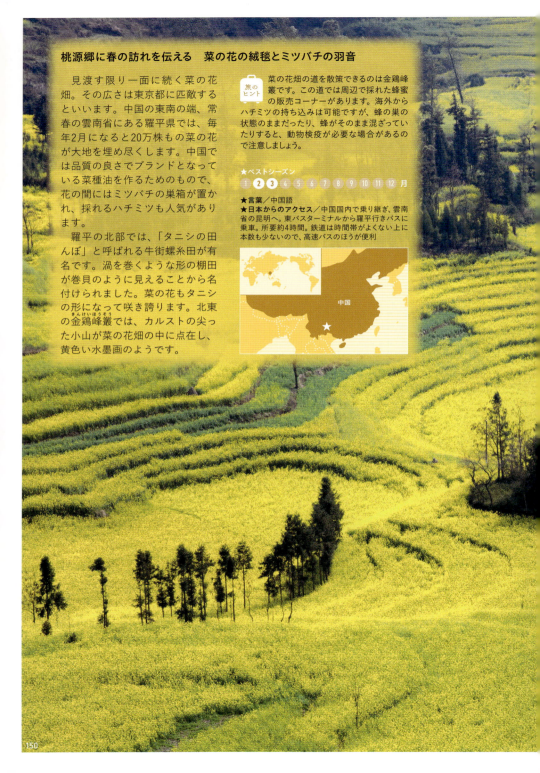

桃源郷に春の訪れを伝える　菜の花の絨毯とミツバチの羽音

　見渡す限り一面に続く菜の花畑。その広さは東京都に匹敵するといいます。中国の東南の端、常春の雲南省にある羅平県では、毎年2月になると20万株もの菜の花が大地を埋め尽くします。中国では品質の良さでブランドとなっている菜種油を作るためのもので、花の間にはミツバチの巣箱が置かれ、採れるハチミツも人気があります。

　羅平の北部では、「タニシの田んぼ」と呼ばれる牛街螺糸田が有名です。渦を巻くような形の棚田が巻貝のように見えることから名付けられました。菜の花もタニシの形になって咲き誇ります。北東の金鶏峰叢では、カルストの尖った小山が菜の花畑の中に点在し、黄色い水墨画のようです。

旅のヒント　菜の花畑の道を散策できるのは金鶏峰叢です。この道では周辺で採れた蜂蜜の販売コーナーがあります。海外からハチミツの持ち込みは可能ですが、蜂の巣の状態のままだったり、蜂がそのまま混ざっていたりすると、動物検疫が必要な場合があるので注意しましょう。

★ベストシーズン
1 **2 3** 4 5 6 7 8 9 10 11 12 月

★言葉／中国語
★日本からのアクセス／中国国内で乗り継ぎ、雲南省の昆明へ。東バスターミナルから羅平行きバスに乗車。所要約4時間。鉄道は時間帯がよくない上に本数も少ないので、高速バスのほうが便利

ジョンプリアン

中国

羅平の菜の花畑

ジョン
プリアン

Luoping Flower Field

仏語で「輝く黄色」の語源の通り、明るい存在感ある黄。
中世ヨーロッパでアンチモン酸鉛から作られたもので
古くから画家に愛用されてきた。

広大な菜の花畑のなかでも、
一番の人気スポットである「牛街螺糸田」。
周辺にも同じような階段状の畑がいくつもある

151

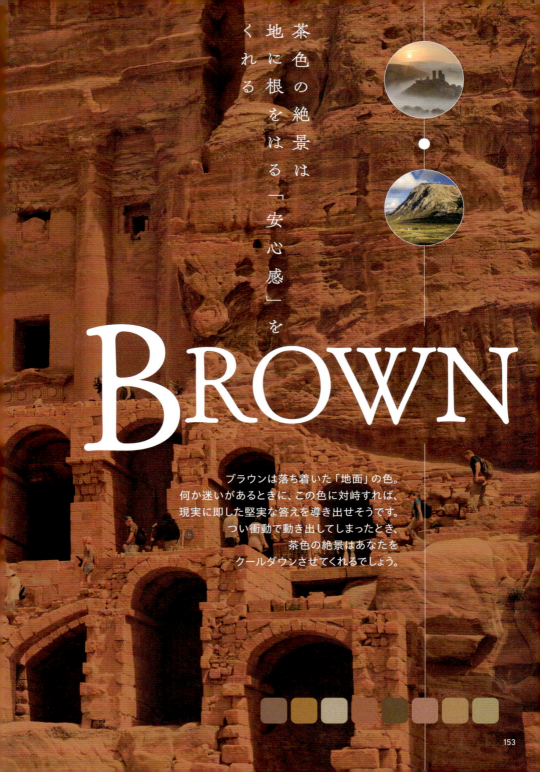

BROWN

茶色の絶景は地に根をはる「安心感」をくれる

ブラウンは落ち着いた「地面」の色。
何か迷いがあるときに、この色に対峙すれば、
現実に即した堅実な答えを導き出せそうです。
つい衝動で動き出してしまったとき、
茶色の絶景はあなたを
クールダウンさせてくれるでしょう。

バンダイクブラウン

イギリス
Glencoe **グレンコー**

いくつかの見どころは車で巡ることはできるが、
ここでは自分の足で移動して雄大な自然の美しさを体感したい

155

バンダイク
ブラウン

暗めでダスティな黄赤の茶色。
17世紀のバロック期に活躍したフランドル出身の画家、
アンソニー・バン・ダイクが好んだ色からこの名前が付けられた。

ハリー・ポッターのロケ地にもなった
悲しい歴史を残す美しき嘆きの谷

　スコットランド北部のハイランド地方は景観の美しさで知られています。なかでも息を呑むような荒涼たる姿が旅情を誘うグレンコーの渓谷には、人がほとんど住んでおらず、氷河に削られて生まれた山々や湖、滝などが織り成す自然が広がります。

　ケルト神話の舞台にもなっている神聖な場所であり、『ハリー・ポッター』シリーズの映画のロケ地にも使われ、人気の観光地となっています。

　しかし、ここを語るには避けては通れない悲しい歴史もあります。1692年、もてなしを受けたイングランド王の使徒たちが、王令にそむいたグレンコーの氏族を殺し、村に火を放ちました。「グレンコーの大虐殺」と呼ばれるこの事件は、忘れてはいけない過去として伝えられます。

グレンコーは約32kmにわたって続く渓谷です。車でひと通り回れますが、トレッキングもおすすめです。初心者向けの遊歩道から、本格的なルートまで様々に整備されていますので、体力や時間に合わせて選びましょう。

グレンコーには数えるほどしか建物がなく、
宿泊するところもほとんどないが、
周辺の小さな街にはスコットランドらしい
瀟洒なホテルがいくつもある

★ベストシーズン
 月

★言葉／英語、スコットランド・ゲール語、スコットランド語
★日本からのアクセス／グレンコーのゲートウェイとなるフォート・ウィリアムへは、まずロンドンへ直行便で約12時間半、国内線に乗り継ぎエディンバラへ約1時間半、さらに鉄道で約4時間40分。
フォート・ウィリアムからはツアーかレンタカーで

イギリスの他のエリア同様、ここも天気が変わりやすい。晴れて青空が見えたと思ったら、一瞬で曇って雨が降り、次の瞬間に太陽が出て虹が架かり……、というようなことが頻繁に起こる

バンダイクブラウン

ハイランド地方には多くの湖があり、大小たくさんの川が流れている。水は荒涼とした土地に清涼感を与えてくれる存在だ

ペトラ遺跡

ヨルダン

Petra

シナモン

紀元前4000年頃から存在した世界最古の香辛料「シナモン」に由来する色。シナモンはニッケイ属の樹木の内樹皮から得られる。黄赤みの強い明るい茶色。

狭く薄暗い断崖の谷道の先に突然姿を現すバラ色の遺跡

遺跡の入り口から続く道は、高さ100mから180mほどの絶壁に挟まれた2mほどの狭いシーク（峡谷）です。見上げれば青空が見えますが、太陽の光はわずかな場所にしか差し込まず、薄暗い中を歩いていきます。やがて崖と崖の間に突然、眩しい光が見え、そこに巨大な砂岩の宮殿、エル・カズネと呼ばれる王の墳墓がドラマチックに姿を現します。

ペトラ遺跡は紀元前1世紀頃に栄えたナバテア王国の都の跡。墓所や神殿などの建築物のほとんどが、マーブル模様の岩の壁を直接掘って造られています。そのうち、最も美しいとされるエル・カズネは、太陽の向きによって50の色に変化するといわれています。とりわけ、朝日と夕日に染まる姿が美しく、バラ色の遺跡とも呼ばれます。

旅のヒント　月・水・木曜の夜に「ペトラ・バイ・ナイト」というイベントがあります。ろうそくの灯りに導かれてエル・カズネまでシークを歩きます。ベドウィンの音楽が満天の星空に響き、とてもロマンチック。ツアー参加が安心です。

エド・ディルと呼ばれるこの建物は岩山を削って造られた。「修道院」という意味の名前だが、実際どのような目的で造られ、どう使われたかは不明

★ベストシーズン
1 2 **3** **4** **5** 6 7 8 9 10 **11** **12** 月

★言葉／アラビア語
★日本からのアクセス／直行便はなく、バンコクで首都アンマン行きに乗り換えるのが一般的。飛行時間は約16時間。アンマンからペトラ遺跡の最寄りの村ワディ・ムーサへは、バスで約3時間の距離

ヨルダン

シナモン

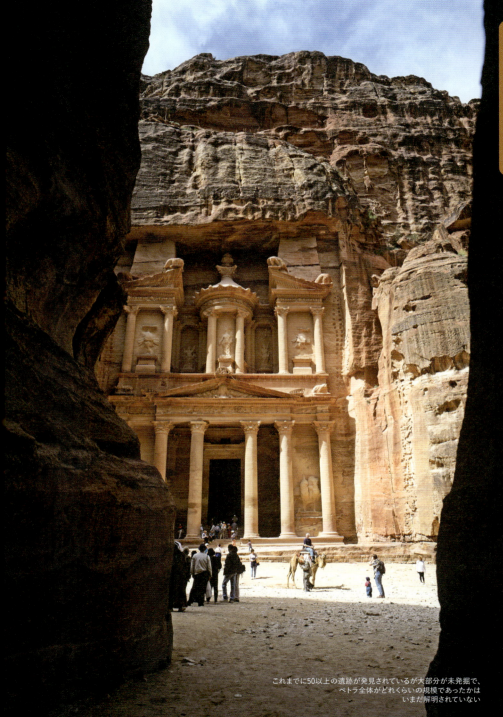

これまでに50以上の遺跡が発見されているが大部分が未発掘で、
ペトラ全体がどれくらいの規模であったかは
いまだ解明されていない

セロ・ブランコ
ペルー
Cerro Blanco

そびえ立つ砂の山に驚愕
世界一の砂丘がある海岸砂漠

　ペルーで最も東、太平洋に突き出すピウラ県の南に、海からアンデス山脈の麓までの間に広がるセチュラ砂漠があります。総面積は5000km²、地球上で最も乾燥した地域とされています。それでいて海風やアンデスから流れ出る短い川などの影響を受けやすく、エルニーニョ現象が発生すると洪水に見舞われ、巨大な湖が生まれることもあります。

　このなかに世界最高峰の砂山といわれるセロ・ブランコがあります。地形が変化しやすい砂漠にあって信憑性をはかるのは難しいのですが、標高は2070mともされ、砂丘として世界一であることは間違いないだろうと考えられています。頂上からは地上絵で有名なナスカ盆地、その先の太平洋までを見渡せます。

旅のヒント　セロ・ブランコはナスカの市街地の南東およそ10kmにあり、登山道の入り口まで車でおよそ30分です。ここから頂上へは約1000mを登らなくてはなりません。帰りはサンドボードで滑走することも可能で、上級者ならわずか4分ほどです。

★ベストシーズン
1 2 3 4 5 6 7 8 9 10 11 12 月

★言葉／スペイン語
★日本からのアクセス／直行便はなく、首都のリマまで北米の主要都市で乗り継いでいく。所要時間は24〜30時間ほど。リマから起点となるナスカの街までバスでは約6〜8時間。ナスカからはツアーに参加するのが一般的

ビスケット

お菓子から名付けられたわずかに赤みがかった薄い灰茶色。語源はラテン語でパンを「二度焼いたもの」。紀元前2000年頃、航海の際、保存食として用いられたそう。

ビスケット

名前の意味は「白い丘」
この周辺から南米大陸の西海岸中部は砂漠が続いている。
その理由は海岸近くを南極から北上する寒流が流れていて
海面からの蒸発がないため、海に近くても雨が降らないからだ

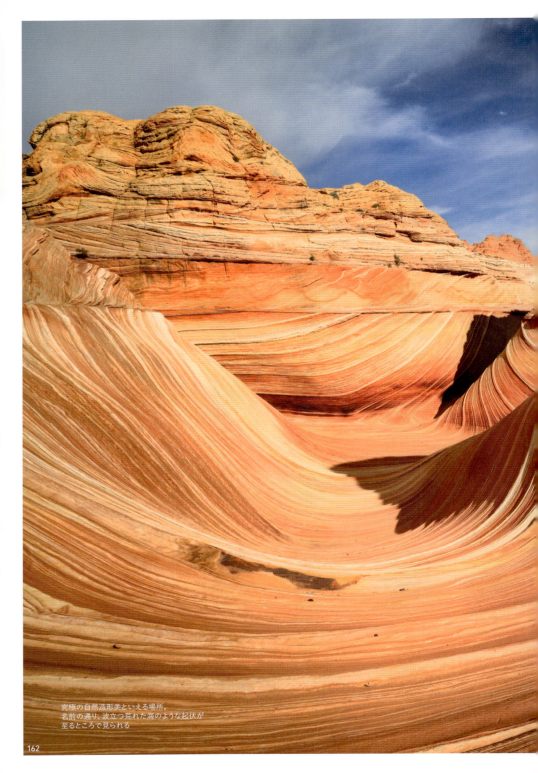

究極の自然造形美といえる場所。
名前の通り、波立つ荒れた海のような起伏が
至るところで見られる

アメリカ
ザ・ウェイブ
The Wave

バーントシェンナ

**吹き抜ける風が
目に見えるような不思議な谷**

　アメリカ西部、ユタ州とアリゾナ州の州境付近は、1億9000万年ほど前に砂丘が固まって形成された砂岩を、水や風が浸食して生まれた造形が無数にあるところ。数々の大自然の傑作がありますが、ここを最高の地とする人は多いようです。

　"朱色の崖"という意味をもつバーミリオンクリフ国定公園。ザ・ウェイブはその一部です。何万年もかけ、柔らかな砂岩の層を雨と雪、吹き付ける風が削っていきました。周辺も同様の地質なのですが、この場所だけにみごとな紋様が刻まれたのは、地形はもちろん、水の流れや吹き付ける風の方向が他とは異なっていたなど、様々な偶然が重なったものと考えられています。まさに自然の力と悠久のときが生みだした奇跡の風景なのです。

旅のヒント　脆弱な自然環境を保護するために、一日最大20人しか立ち入ることができません。入域許可はすべて抽選。事前にネットで、または直前に公園の事務所で申し込みます。気候が厳しいので、事前によく調べ、しっかりとした装備で訪れましょう。

★ベストシーズン
1　2　3　**4**　**5**　6　7　8　**9**　**10**　11　12 月

★言葉／英語
★日本からのアクセス／アメリカ西海岸の都市で乗り継いで、最寄りのペイジ空港へ。そこからレンタカーで約1時間。駐車場からさらに片道3〜4時間の道のりを歩く

バーントシェンナ
イタリア・シエナ地方の黄土を焼成した色である「バーントシェンナ」。くすみがある黄色で、焼成しない「ローシェンナ」より赤みが強い。

アメリカ

163

イギリス
コーフ城

● Corfe Castle

セピア

黒みがかった茶、「セピア」は古代ギリシャ語で
「コウイカ」のこと。イカの墨袋から作られる
天然顔料に由来したことからこの色名に。

破壊から400年近い歳月が流れ、
少しずつ朽ちていく姿に美しさを感じるのは、
日本人ならではの感性なのだろうか

崩れゆく姿が人を魅きつける　哀愁に満ちた丘の上の廃墟

朽ちることは、それすなわち自然に還ること。その途上にあるものが、こんなにも周囲と溶け込み、風景と一体化していることに旅情があふれます。

丘の上に立つ姿は、かなり遠くからも望めますが、近くまで来ればそれがほぼ廃墟であることに気づきます。イングランド南西部にあるコーフ城。11世紀に要塞を兼ねる王宮として創建されましたが、1646年のピューリタン革命で破壊されてしまいます。頂上に見えていたのは元のタワーの一部分、それ以外の建造物もほとんど崩れかかっています。

朝もやに包まれ、昼は緑の丘に輝き、夕暮れは斜めの日を浴び染まる。時の流れに逆らうことをやめた哀愁は人を魅きつけてやみません。

旅のヒント　イングランド南部にはコーフ城のほかにも、ロンドンから日帰りで行ける人気リゾート地ブライトン、芸術家が多く住むセント・アイヴス、最西端の街ペンザンスなど、魅力的な海辺の街が多くあります。

★ベストシーズン
1　2　3　④　5　6　7　8　9　⑩　11　12 月

★言葉／英語

★日本からのアクセス／直行便でロンドンへ。ロンドンのビクトリア・コーチステーションからウェアハムまでバスで約3時間、列車なら約2時間20分。ウェアハムからバスで約20分

セピア

モロッコ
トドラ渓谷
Todra Gorge

テラコッタ

イタリア語で「焼いた土」を意味するテラコッタ。
くすみのあるオレンジブラウンは名の通り
素焼きの焼き物やレンガを想起させる色。

まさに「大地の裂け目」という形容がぴったりの場所。
垂直の岩壁はロッククライミングの名所でもある

サハラ砂漠のはじまり　清涼な川が流れる山脈の裂け目

　緑豊かなモロッコの地中海沿岸部から内陸へ。アトラス山脈を越えると、突然、サハラが始まります。まさに境界線。さらに奥へ行くほど不毛の砂漠が広がりますが、まだこの一帯にはオアシスが点在し、そこには17〜18世紀に日干し煉瓦で建設されたカスバと呼ばれる村々があります。それを結ぶ道を「カスバ街道」と呼びます。

　このカスバ街道の北に、40kmにも渡って続くアトラス山脈の裂け目、トドラ渓谷があります。最も高いところでは160mにもなる赤茶色の断崖絶壁が続き、しかしその幅は狭く、わずか10mほどしかないところもあります。渓谷を流れるトドラ川は、アトラス山脈の澄んだ雪解け水。モロッコの人々が涼を求めて集まる避暑地です。

★旅のヒント
カスバ街道からトドラ渓谷までの道は、美しいオアシスの景色。春にはアーモンドや桃の花が一面に咲き、まるで桃源郷のような美しさです。オアシスの村からは、渓谷までのハイキングが楽しめます。

★ベストシーズン
① ② ③ ④ ⑤ ⑥ ⑦ ⑧ ⑨ ⑩ ⑪ ⑫ 月

★言葉／アラビア語
★日本からのアクセス／ヨーロッパや中東で乗り換えてカサブランカまたはマラケシュへ。マラケシュから長距離バスでティネリールまで約8時間、そこから乗り合いタクシーで約40分

モロッコ

テラコッタ

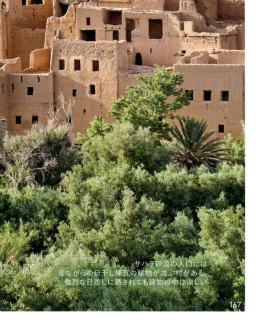
サハラ砂漠の入口には昔ながらの日干し煉瓦の建物が並ぶ村がある。強烈な日差しに晒されても建物の中は涼しい

167

トルコ
ドゥバヤズット
Dogubayazit

タン

あわく、くすんだ黄赤。皮革のなめしに用いるオーク樹皮の「タナム」が語源となっている。「タウニー」等と同義語として扱われることもある。

トルコの東の果て　不思議なパワーを感じる聖書の舞台

　赤茶けた平原とその向こうには雪を冠した山。耳を澄ましても、ただ風が吹く音しか聞こえない大地を、人の気配のない宮殿が見下ろしています。トルコの東、イラン国境まであと35kmという最果ての地にある風景です。

　標高1500mの高原にある街ドゥバヤズット。郊外の山の頂にあるのは、クルド人の領主が17〜18世紀に建てた「イサク・パシャ宮殿」です。1937年までは軍事要塞として使われていましたが、その後、役目を終えて建物だけが残りました。

　遠くに見える山は、標高5137mのアララト山。旧約聖書の創世記でノアの方舟の漂着地と伝えられる場所です。どこか現実離れした雰囲気が漂うのは、聖なる伝説の舞台の地であるからかもしれません。

旅のヒント　この辺りは中世にはアルメニア王国があった場所で、現在のアルメニアとの国境も50kmほどしか離れていません。車で3時間ほどの街、カルスの郊外にはアルメニア王国のかつての都、アニの遺跡があり見学もできます。

雪に覆われたアララト山。
聖なる山はトルコ最高峰で
多くの登山家憧れの山でもある

★ベストシーズン

① ② ③ ④ **⑤** ⑥ ⑦ ⑧ ⑨ **⑩** ⑪ ⑫ 月

★言葉／トルコ語
★日本からのアクセス／直行便でトルコ最大の都市イスタンブールへ約13時間40分。国内線に乗り継いで、ドゥバヤズットの最寄り空港のアールへ（約2時間）。そこからバスで所要約2時間

タン

宮殿の名前は「イサク・パシャ宮殿」。
建設が始まったのは17世紀の終わりで、1世紀かけて完成した。
建物は20世紀の始めまでこの地の州政庁として使われ、
その後軍事施設になった

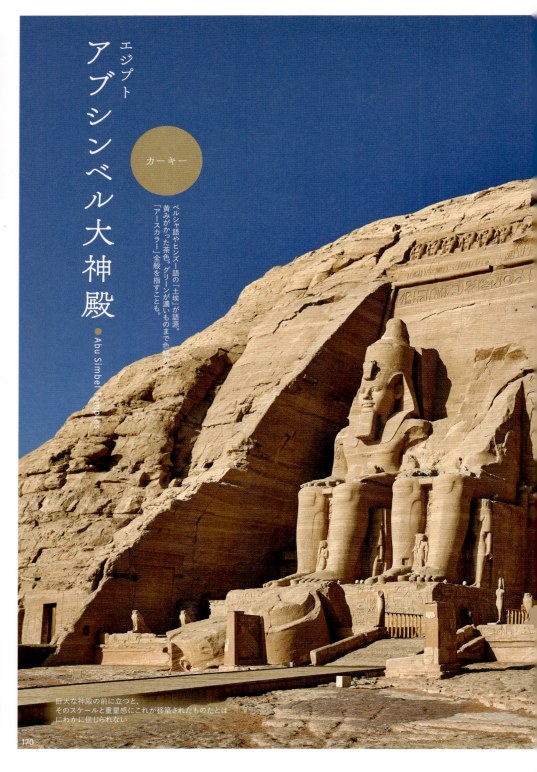

エジプト
アブシンベル大神殿
Abu Simbel Temples

カーキー

ペルシャ語やヒンズー語の「土埃」が語源。黄みがかった茶色。グリーンが濃いものまで色幅が広く、「アースカラー」全般を指すことも。

巨大な神殿の前に立つと、そのスケールと重量感にこれが移築されたものだとはにわかに信じられない

強大なファラオの栄華を伝える
ダムの底に沈むはずだった大神殿

　それは世紀の大引っ越しと呼ばれました。巨大な岩を掘って造られた高さ30m以上もある神殿遺跡。1960年代、ナイル川に建設するアスワン・ハイ・ダムにより水没の危機に瀕し、1000以上のブロックに切り分け、4年半を費やしてナセル湖畔に移設されました。

　神殿を造ったのはエジプト人に大人気のファラオ（王）ラムセス2世。紀元前13世紀頃にエジプトを統治しました。建築王と呼ばれ、アブシンベル大神殿はその最高傑作とされます。

　入口の4体のラムセス2世座像に圧倒されながら中に入ると、奥にファラオが鎮座する至聖所があります。ここには年に2回だけ太陽の光が差し込む仕組みです。計算し尽くされた傑作が残せたことは、人類の誇りといえます。

> 旅のヒント　アブシンベルの街に1泊できるなら、アブシンベル大神殿の「音と光のショー」がおすすめです。これはエジプト各地の同様のショーのなかでも、断トツの面白さです。冬場は暖かい服装で出かけましょう。

★ベストシーズン
❶ ❷ ❸ ❹ ❺ ❻ ❼ ❽ ❾ ❿ ⓫ ⓬ 月

★言葉／アラビア語
★日本からのアクセス／カイロまで直行便で約14時間。カイロからはアスワン経由の国内線で約3時間。アブシンベルの空港から遺跡までは、エジプト航空の無料送迎バスで約10分

緑の絶景で「自然」のリズムを取り戻す

GREEN

グリーンはそのまま自然を象徴する色。
緑の絶景は私たちが本能的に回帰するところといえそうです。
「調子が今ひとつ……」と感じているとき、
この色がもつ治癒力で心身の不調は正され、
私たちをゆるやかに
再生へと導いてくれるでしょう。

フェロー諸島
フェロー諸島
● Faroe Islands

たくさんのスポットがある島々で絶景の代表といえるのが、
ヴォーアル島の西部にある直接海に流れ落ちるガサダルー滝の姿

グラスグリーン

グラスグリーン

くすんだ黄緑色。「グラス＝草」が由来だが、西洋では「牧草」を想起させることが多く日本の緑が濃い「雑草」とは色のイメージが異なる。

北の果ての究極の絶景
断崖の島々の独特な自然と文化

　ノルウェーとアイスランドの間に浮かぶ18の島からなるフェロー諸島。火山島で海岸線のほとんどが断崖絶壁。1年を通して風が強くてどんよりと曇り、約260日も降雨があり晴天はほとんどありません。北緯62度で水平分布の森林限界を超えているため木は育たず、エメラルドグリーンの草原が広がっています。

　しかし自然は厳しいばかりではなく、近くを流れる暖流のメキシコ湾流の影響で冬も温暖、夏は清涼です。断崖から海へと流れ落ちる高さ約30mのミュラフォッスルの滝（ヴォーアル島）、フルートと呼ばれる細長いカルソイ島、芝生屋根の伝統的な家屋の村々。そこに暮らす独自の言語を話す人々の伝統文化。ここは魅力あふれる究極の旅先なのです。

旅のヒント

秘境のイメージと異なり、中心部の島々には舗装道路が走り、橋と海底トンネルで結ばれています。離島へは設備の整ったフェリーが就航。路線バス網も発達し、中心のトースハウン市内は無料です。便数が限られるので、時刻だけはしっかり確認しながら利用しましょう。

カラフルな家が入り江に集まった小さな村。自治領の首都トースハウンは約2万の人口がある大きな街だが、それ以外はほとんどが小規模な村

★ベストシーズン
1 2 3 4 **5 6 7** 8 9 10 11 12 月

★言葉／フェロー語、デンマーク語
★日本からのアクセス／直行便はなく、コペンハーゲンやオスロでの乗り継ぎが一般的。パリやアイスランドのレイキャビクなどのヨーロッパの都市からも便があるが、季節運航も多いので注意。各都市からの所要時間は約2〜3時間

フェロー諸島

ラコツ橋
ドイツ

Rakotz Bridge

スプリング
グリーン

名前の通り春に芽生える木々の葉のようなやわらかく明るい黄緑。若葉のような「生命力」や「成長」「出発」などを連想させる縁起のよい色。

美しすぎるがゆえに
悪魔の仕業と呼ばれた石橋

　水鏡に映し出された姿と一体化し、円を描く不思議な橋。緻密な計算によって完璧な風景を作り出すがゆえに、いつしか人の手によるものではない「悪魔の橋」とまで呼ばれるようになりました。

　ドイツ東部、ポーランド国境近くの街クロムローにあるロドーデンドロンパーク・クロムラウ（クロムラウ・ツツジ＆シャクナゲ公園）。19世紀にこの地に大邸宅を構えた資産家が、敷地内に造らせた庭園跡です。イギリス式の園内には多くの池や湖があり、そのひとつラコツ湖に、遠くからわざわざ玄武岩を運び架けられました。

　長さ約35mの橋は、現在は渡ることはできませんが、この地域の緑豊かな自然とともにあるその姿は、眺めるだけで十分に感動的です。

旅のヒント　鉄道が便利なドイツですが、この地域には路線がありません。せっかく訪れるなら周辺の見どころも合わせてみましょう。6kmほど東のポーランドとの国境をまたぐムスカウ公園では美しい庭と古城が、さらにその南にはムスカウ森林鉄道が動態保存されています。

季節によって見え方も変わる悪魔の橋。
紅葉の時期はまた違った趣がある

★ベストシーズン
① ② ③ ④ ❺ ❻ ❼ ❽ ❾ ⑩ ⑪ ⑫ 月
★言葉／ドイツ語
★日本からのアクセス／直行便でフランクフルトへ14時間半。国内線に乗り継ぎドレスデンまで約1時間。鉄道なら約2時間。ドレスデンからは車で約1時間40分

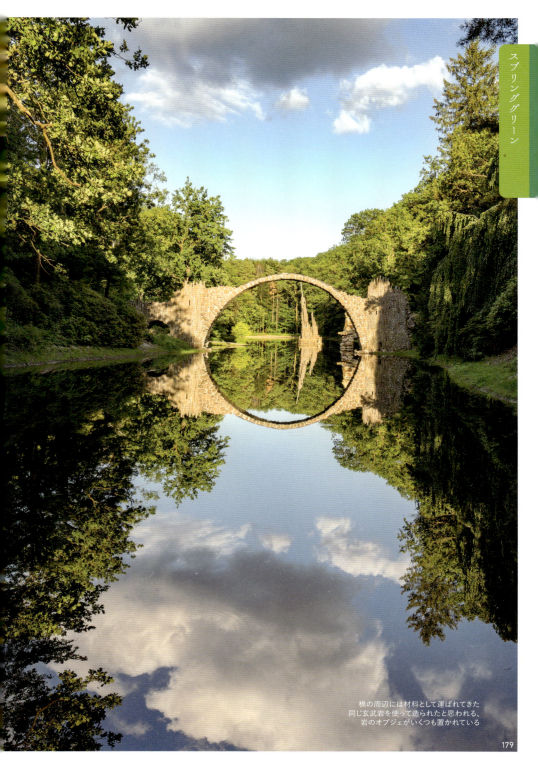

橋の周辺には材料として運ばれてきた同じ玄武岩を使って造られたと思われる、岩のオブジェがいくつも置かれている

パラオ

ジェリーフィッシュ・レイク
● Jellyfish Lake

マラカイトグリーン

マラカイト（孔雀石）を原料とした深い青緑色の顔料に由来する色。マラカイト自体、銅の二次鉱物で、銅製品にできる錆の色にも通じる。

無数のクラゲが浮遊する小宇宙
大海原の小島の不思議な湖

青い大海原にキノコのような緑の小島が浮かぶ、奇観ロックアイランド。その数は大小200以上。太古にサンゴ礁が隆起し、その上に南国の植物がたくましく茂ったものです。パラオ観光のハイライトですが、すべて無人島です。

そのうちのたったひとつの小島に、不思議な湖があります。石だらけの狭い海岸に上陸し、深い森の急な山道を越え、下った先にそれはあります。湖に暮らすのはゆらゆらと泳ぐ無数のクラゲたち。シュノーケリングで水中を覗けば、視界一面に広がるほどの数です。

遠い昔、なんらかの原因で海と隔絶され、独自の進化を遂げました。毒は弱まり、刺されてもわずかにチクチクする程度。一緒に泳げば心地よい浮遊感に包まれます。

旅のヒント ジェリーフィッシュ・レイクへ行く現地ツアーは、天然の泥パックで有名な「ミルキーウェイ」などと組み合わされています。気候変動の影響でクラゲが減少傾向にあり、あまり見られないときは中止に。事前に状況を確認しましょう。

湖があるのはカラカル島という三日月形の無人島。湖は塩湖で、石灰岩の亀裂程度しか外海とつながっていないため大きな生物の往来はない

★ベストシーズン
❶ ❷ ❸ ❹ 5 6 7 8 9 10 ⓫ ⓬ 月

★言葉／パラオ語、英語
★日本からのアクセス／直行便はなく、グアムで乗り継いで行く。ただし、比較的頻繁に直行チャーター運航がされており、これを使えば約4時間半で中心地コロールに到着する。コロールからジェリーフィッシュ・レイクへ行けるのはツアーのみ

180

マラカイトグリーン

ここに生息するクラゲはゴールデンジェリーフィッシュのみ。
環境への負荷を考えスキューバダイビングは禁止されている

悪魔のパイロン
エクアドル

Parión del Diablo

クロム
グリーン

「クロムイエロー」に青色顔料を加えて作られた深い緑色。クロムイエロー同様、この色もゴッホが愛用していたといわれている。

橋の先にゲートがあり、そこから歩道と階段を歩いて流れ落ちる滝のすぐ横へ。水しぶきを全身に浴びながら圧倒的な水量を体感できる

クロムグリーン

怒涛の水しぶきが与える
迫力と底なしの恐怖感

　生い茂る緑の隙間から流れ落ちる滝。その下では怒涛のごとくしぶきが舞って周囲を真っ白に覆い、滝つぼを確認することはできません。その迫力から付いた名が「パイロン・デル・ディアブロ」。スペイン語で「悪魔の大釜」を意味します。

　落差は約80m。日本の華厳の滝よりも低いのですが、アンデス山脈に源をもつ3つの川の合流点から落ちるため、水量が極端に多いのです。水しぶきに隠れた滝つぼは20mもの深さがあります。

　展望台のうち、最も高所から望めるところへは、先人が岩を手彫りで掘った階段を探検家のごとく上っていきます。ただし、頂上に着くころには、しぶきを浴びてびしょ濡れになっていることはご承知おきを。

旅のヒント 滝へのゲートウェイとなるバーニョスはエクアドル有数の温泉街。パスタサ川に沿って開けていて、この周辺にも大小合わせて60以上の滝があります。温泉に浸かって自然散策が楽しめるほか、バンジージャンプなどのアトラクションも盛んです。

★ベストシーズン
① ② ③ ④ ⑤ ⑥ ⑦ ⑧ ⑨ ⑩ ⑪ ⑫ 月

★言葉／スペイン語
★日本からのアクセス／直行便はなく、北米の主要都市を経由し、首都キトへ。所要約20時間〜25時間。キトからバーニョスへ車で約3時間。バーニョスからは滝まで頻繁にバスがあり、約30分

エクアドル

青空と緑の大草原で交錯する
素朴な暮らしと栄光の幻影

　高く澄んだ青空を流れていく白い雲。一面の大草原は地平線にまで続き、さえぎるものはありません。「永遠の青空の国」と呼ばれるモンゴル。実際、年間250日以上は晴天です。そのかわり大地は乾燥し、木は育ちにくく、国土の70％以上が草原となっているのです。遊牧民族である人々は、放牧をしながら草原を移動し、ゲルと呼ばれるテントでの伝統的な暮らしを守っています。

　近年は車も増えましたが、移動手段は今も馬が主流です。現在の暮らしからは想像もつきませんが、13世紀にはモンゴル帝国はユーラシア大陸を席巻しました。輝かしい一時代を築いた強くたくましい騎馬民族は、この広大な草原が生んだと言っても過言ではありません。

旅のヒント ベストシーズンの夏は、草原も特に美しく、国全体が活き活きとします。特に7月11日から13日までの3日間には、国を挙げての競技大会「ナーダム」が開催されます。モンゴル相撲、競馬、弓が競われ、伝統文化にふれる素晴らしい機会になります。

★ベストシーズン
① ② ③ ④ ⑤ ⑥ ⑦ ⑧ ⑨ ⑩ ⑪ ⑫ 月

★言葉／モンゴル語
★日本からのアクセス／直行便で首都ウランバートルまで約6時間。草原は街を出れば見渡すかぎり続くので、ゲルの宿泊、乗馬体験など目的に応じたツアーに参加するのが一般的

モンゴル

アイビーグリーン

モンゴルの大草原
モンゴル

アイビーグリーン

Mongolian steppe

アイビー「西洋木蔦」の名の通り、落ち着いた黄緑。
この色名の元となったのはイングリッシュアイビー等の
ウコギ科のつる植物といわれている。

緑が美しい雨季は6月から8月。
雨季といっても日本の梅雨のようにずっと雨が降り続くわけではなく、
スコールのように急に降り出し、
雨雲が去るとすぐに青空が見えてくることが多い

スペイン
ザハラ・デ・ラ・シエラ
Zahara de la Sierra

メドウグリーン

メドウは英語で牧草地や、草原、自然な庭を意味する言葉。色名の通り、ナチュラルで落ち着いた黄緑色。「夏草」や「萌葱」の和の色が近い。

湖と緑と花に囲まれた
アンダルシアの白い村

　スペイン南部アンダルシア地方には、家の壁が白く塗られた「白い村」がたくさんあります。夏には強烈な日差しに晒されるこの地方では、石造りの家屋の外壁を白く塗ることで、太陽光を反射させ屋内が熱くなることを防いでいるのです。

　ザハラ・デ・ラ・シエラもそんな村のひとつですが、他とは一線を画しています。白い家々はゆるやかな丘の起伏に沿って広がり、背後の鋭い岩山の頂には12世紀の古城の塔が残っています。全体を見渡せる場所に立てば、切り取られた1枚の絵画のようです。

　すぐ近くには巨大な貯水湖があり、乾燥したアンダルシアでは貴重な豊かな緑を感じられます。とりわけ春は野の花が咲き乱れ、白い村をよりいっそう引き立てます。

 旅のヒント アンダルシア観光の中心地セビーリャから、崖の上にある人気の街ロンダに向かう途中にあり、バスで行くこともできますが、レンタカーがおすすめです。気に入った景色で寄り道しながら行くことができ、よりアンダルシアを楽しめるでしょう。

毎年5〜6月にスペイン各地で行われるキリスト教の祭り「聖体祭」。この村で行われるものが特に有名で、国内外から大勢の人が集まる

★ベストシーズン ①②③④⑤⑥⑦⑧⑨⑩⑪⑫月
★言葉／スペイン語
★日本からのアクセス／ヨーロッパの都市で乗り換え、アンダルシアの中心地セビーリャへ。所要約16時間。セビーリャからはバスで約2時間、または車で約1時間半

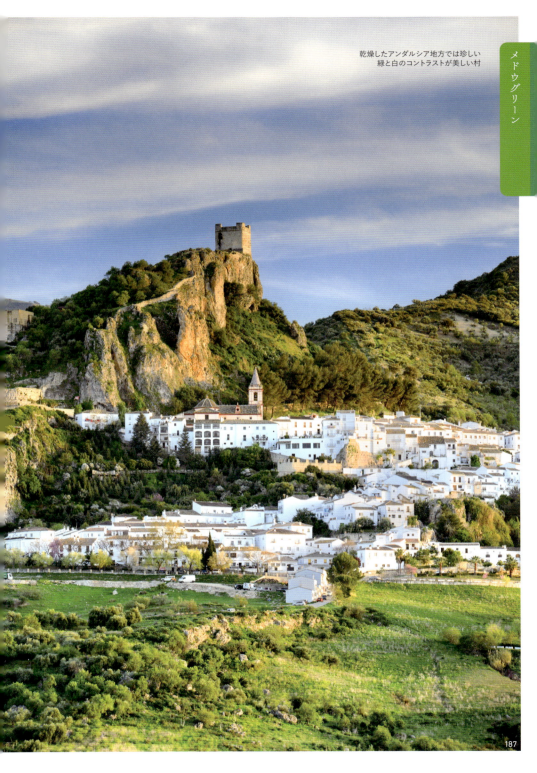

乾燥したアンダルシア地方では珍しい
緑と白のコントラストが美しい村

メドウグリーン

マチュピチュ

ペルー

● Machu Picchu

ボトル グリーン

ワインボトルのような深い緑色。赤ワインの光の吸収による劣化防止のため、赤の補色である緑色のボトルが広まり、色名にも使用された。

アンデスの聖なる山懐に築かれた インカ帝国の栄華の跡

　絶壁のような急峻な山々がそびえるウルバンバの谷の奥、聖なる山ワイナピチュの足元に、インカ帝国の都市マチュピチュは築かれました。急な山の斜面を登り、さらにしばらく歩いていけば突然視界が開け、聖なる山を背にした遺跡が眼下に広がります。麓からはその存在を窺い知ることがまったくできない神秘的な天空の都市。誰もが一度は写真などで目にしたことがある風景ではないでしょうか。

　15世紀に築かれた街は、太陽の神殿や宮殿のエリアと庶民の居住エリアに分かれています。周囲の山肌には段々畑。標高2280mにある全体像を見下ろすと、目がくらむほどです。特に朝。雲海が徐々に晴れて姿を現すときには、神々しささえ感じられます。

 旅の ヒント 全景を見られる一番有名なスポットは、遺跡の最南端にある見張り小屋。背後のワイナピチュ山に登ることも可能ですが、人数制限があるので、確実に登りたいときは現地に入る前に予約しておくといいでしょう。

実際に遺跡のなかを歩いてみると、石組みの建物の精巧さに驚嘆させられる。どんな人たちがこれを造ったのだろう

ペルー

★ベストシーズン
① ② ③ ④ ⑤ ⑥ ⑦ ⑧ ⑨ ⑩ ⑪ ⑫ 月

★言葉／スペイン語、ケチュア語
★日本からのアクセス／北米経由でペルーの首都リマに飛び、リマからは空路またはバスで拠点の街クスコへ。さらに麓のアグアスカリエンテスまで観光列車で4〜5時間。ここから遺跡まではバスがある

188

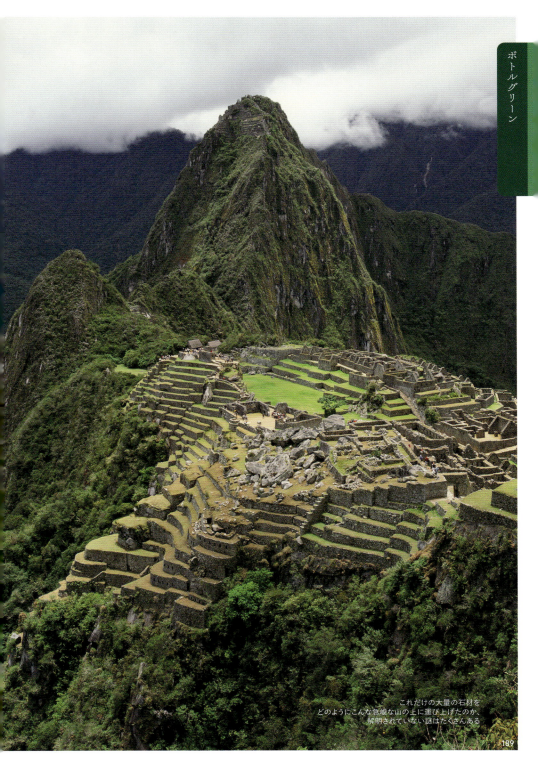

これだけの大量の石材を
どのようにこんな急峻な山の上に運び上げたのか、
解明されていない謎はたくさんある

ボトルグリーン

夏になると水遊びをする人たちで賑わう渓谷。
高さ約12mの橋は、上から飛び込む「度胸試し」の橋としても知られている

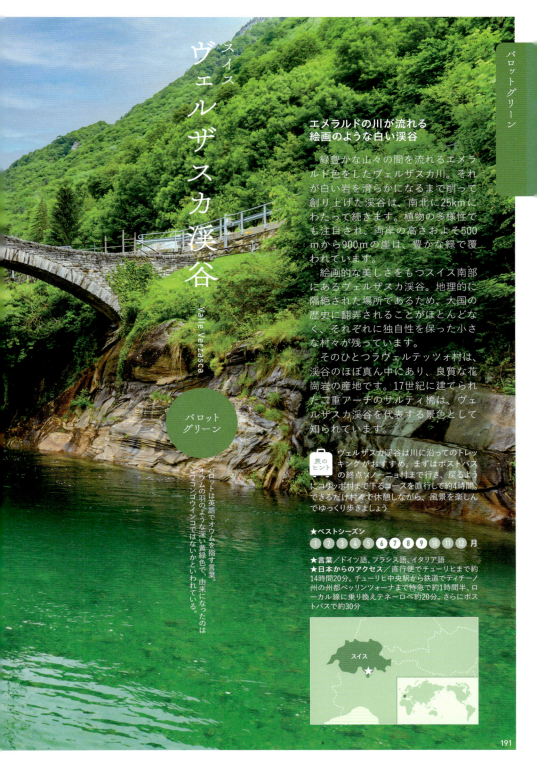

スイス
ヴェルザスカ渓谷

Valle Verzasca

パロットグリーン

エメラルドの川が流れる絵画のような白い渓谷

　緑豊かな山々の間を流れるエメラルド色をしたヴェルザスカ川。それが白い岩を滑らかになるまで削って創り上げた渓谷は、南北に25kmにわたって続きます。植物の多様性でも注目され、両岸の高さおよそ500mから900mの崖は、豊かな緑で覆われています。

　絵画的な美しさをもつスイス南部にあるヴェルザスカ渓谷。地理的に隔絶された場所であるため、大国の歴史に翻弄されることがほとんどなく、それぞれに独自性を保った小さな村々が残っています。

　そのひとつラヴェルテッツォ村は、渓谷のほぼ真ん中にあり、良質な花崗岩の産地です。17世紀に建てられた二重アーチのサルティ橋は、ヴェルザスカ渓谷を代表する景色として知られています。

旅のヒント　ヴェルザスカ渓谷は川に沿ってのトレッキングがおすすめ。まずはポストバスの終点ソノーニョ村まで行き、戻るようにコリッポ村まで下るコースを直行して約4時間。できるだけ村々で休憩しながら、風景を楽しんでゆっくり歩きましょう

★ベストシーズン
① ② ③ ④ ⑤ ⑥ ⑦ ⑧ ⑨ ⑩ ⑪ ⑫ 月

★言葉／ドイツ語、フランス語、イタリア語
★日本からのアクセス／直行便でチューリヒまで約14時間20分。チューリヒ中央駅から鉄道でティチーノ州の州都ベッリンツォーナまで特急で約1時間半、ローカル線に乗り換えテネーロへ約20分。さらにポストバスで約30分

パロットはオウムを指す言葉。パロットグリーンはオウムの羽のような深い黄緑色で、由来になったのはヒワコンゴウインコではないかといわれている。

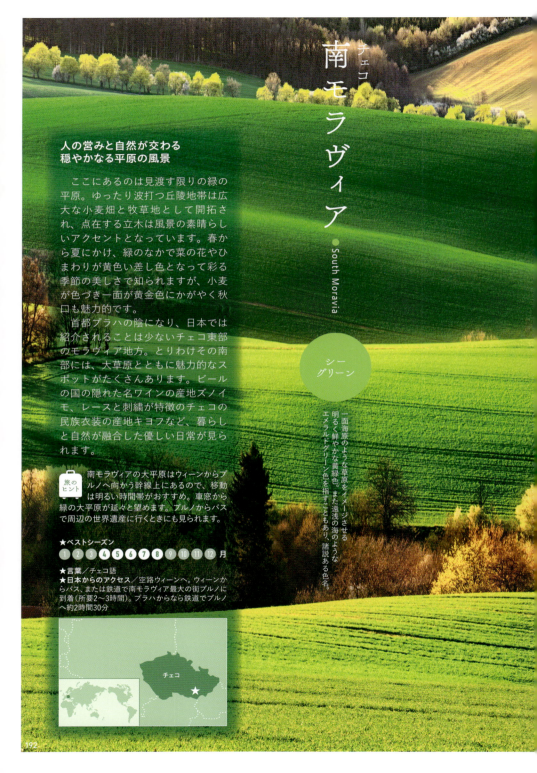

南モラヴィア （チェコ）

● South Moravia

人の営みと自然が交わる穏やかなる平原の風景

　ここにあるのは見渡す限りの緑の平原。ゆったり波打つ丘陵地帯は広大な小麦畑と牧草地として開拓され、点在する立木は風景の素晴らしいアクセントとなっています。春から夏にかけ、緑のなかで菜の花やひまわりが黄色い差し色となって彩る季節の美しさで知られますが、小麦が色づき一面が黄金色にかがやく秋口も魅力的です。

　首都プラハの陰になり、日本では紹介されることは少ないチェコ東部のモラヴィア地方。とりわけその南部には、大草原とともに魅力的なスポットがたくさんあります。ビールの国の隠れた名ワインの産地ズノイモ、レースと刺繍が特徴のチェコの民族衣装の産地キヨフなど、暮らしと自然が融合した優しい日常が見られます。

旅のヒント　南モラヴィアの大平原はウィーンからブルノへ向かう幹線上にあるので、移動は明るい時間帯がおすすめ。車窓から緑の大平原が延々と望めます。ブルノからバスで周辺の世界遺産に行くときにも見られます。

★ベストシーズン
① ② ③ ④ ⑤ ⑥ ⑦ ⑧ ⑨ ⑩ ⑪ ⑫ 月

★言葉／チェコ語
★日本からのアクセス／空路ウィーンへ。ウィーンからバス、または鉄道で南モラヴィア最大の街ブルノに到着（所要2〜3時間）。プラハからなら鉄道でブルノへ約2時間30分

シーグリーン

一面海原のような草原をイメージさせる明るく鮮やかな黄緑色。また、遠浅の海のようなエメラルドグリーン色を指すこともあり、諸説ある色名。

穏やかな大地に広がる美しい景色は、
長い間耕作地として愛情を込めて土地を手入れしてきた人々の賜物

アイスランド
アイスランドのオーロラ
Aurora in Iceland

ピーコックグリーン

ピーコック=孔雀の羽のような鮮やかな青緑色。「マラカイト」より青みが強く、「ターコイズ」に近い色調。和の色名は「孔雀緑」。

無音の夜空に揺らめく宇宙から下りてくる光のカーテン

ゆらゆらと風に揺れるように動く緑の光。しかしオーロラは地上に吹く風に影響されることはありません。オーロラの発光現象は大気圏外、つまり宇宙空間で起こっているためです。実際にオーロラを目にすると、その不思議な自然現象がこの世のものとは思えないと感じるのは、まさしくこの世（地上）ではなく、はるか天空の出来事だからかもしれません。

アイスランドはオーロラが発生しやすい北極圏（北緯66度33分以北）近くにあるため、オーロラを見るのに適した場所です。北極圏というと「極寒の地」をイメージしますが、周辺の海域を暖流が流れているため、冬でもさほど寒くならず1月の最低平均気温は−3度。オーロラは見たいけど、寒いのが苦手、という人におすすめです。

 旅のヒント 下記のベストシーズンは「オーロラを見る」のに適した時期。夏の間は白夜に近いので空が暗くならないのです。オーロラを見ることはできませんが、氷河や火山を眺めたり、雄大な滝を巡ったりできる夏も魅力があります。

雪山の上に現れたカーテン状のオーロラ。観察者の見る位置によってオーロラの形は違って見える

★ベストシーズン ❶❷❸ 4 5 6 7 8 9 ❿⓫⓬ 月
★言葉／アイスランド語、英語
★日本からのアクセス／日本からの直行便はなく、ヨーロッパの都市で乗り継ぐ。便利なのはヘルシンキやコペンハーゲンなど、北欧の都市。乗り継ぎ時間を入れて所要17〜18時間

オーロラが見る人の頭上近くに現れると、このように上空から光の塊が落ちてくるように見える

ピーコックグリーン

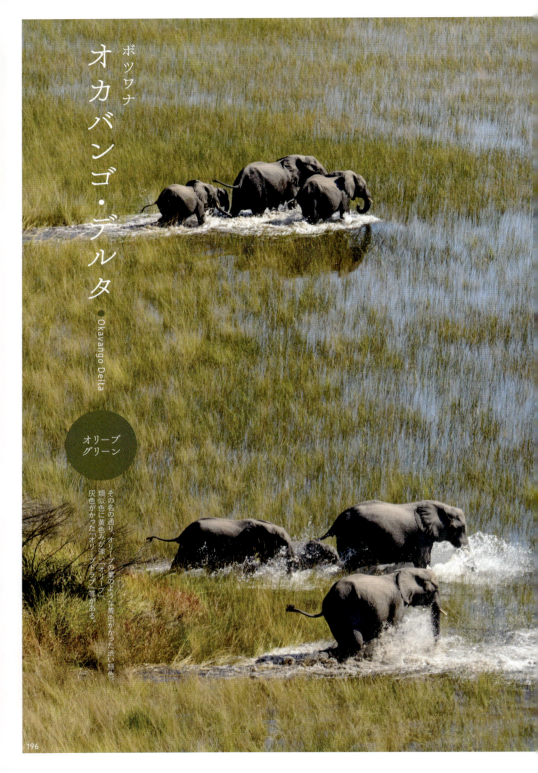

ボツワナ
オカバンゴ・デルタ
● Okavango Delta

オリーブ
グリーン

その名の通り、オリーブの実のような黄色がかった渋い緑色。類似色に黄色みが強い「オリーブ」、灰色がかった「オリーブドラブ」がある。

奇跡の大湿地帯が育む野生の命の営み

そこは野生がダイナミックに躍動する場所です。アフリカ南部の内陸国ボツワナの領土の多くが含まれるカラハリ砂漠に、オカバンゴ川が作り出す世界最大の内陸デルタ（三角州）があります。湿地帯としても世界最大級の、このオカバンゴ・デルタ。面積は2万5000㎢とされていますが、水の広がりは季節によって大きく変わります。

夏に源流域で降った雨が、数か月をかけてたどり着き、南半球の冬にあたる5月から8月にかけ、ゆっくりと大洪水を起こしていきます。乾季のこの時期、氾濫原の水は野生動物にとっては恵み。あらゆる動物が集まり、様々な命の営みが繰り広げられます。それは気の遠くなるような時の間、繰り返されてきたであろう原始からの姿です。

旅のヒント 広大なオカバンゴ・デルタを見るのに一番の手段は小型機での遊覧飛行。値段は張りますが、雄大な風景と動物の群れを一望にできます。伝統的な丸木舟のモコロで、湿地の中を行くのも旅情豊かで楽しいです。

★ベストシーズン
1 2 3 4 **5 6 7 8** 9 10 11 12 月

★言葉／ツワナ語、英語
★日本からのアクセス／直行便はなく、ヨーロッパや中東、アフリカの主要都市を経由して首都ハボローネへ。所要時間は経由地により17～22時間。国内線に乗り換えてオカバンゴ・デルタの拠点都市マウンまで約1時間

オリーブグリーン

ボツワナ

最も広がったときには四国が丸ごと収まってしまうほどの湿地。これまでに500種以上の動物や鳥類が観察されている

アメリカ
ナパリ・コースト
● Na Pali Coast

エメラルド
グリーン

宝石エメラルドが由来の色。エメラルドは緑柱石のひとつで、和名は「翠玉」「緑玉」。「パリスグリーン」の異名をもつ洗練された柔らかな青緑。

エメラルド色の崖が美しい
カウアイ島の宝石

「ガーデンアイランド」とも呼ばれるカウアイ島は、その愛称の通り深い熱帯雨林に覆われています。ハワイ最古の島であり、長い年月が大地を雨、風、海水で浸食し、鋭く尖った山々や険しい崖を生みました。

なかでもノースショアにあるナパリ・コーストは、海岸線に沿って最高で約1000mもある巨大な崖が25kmも続き、緑豊かな渓谷や滝、洞窟がある雄大な景色で知られています。唯一の道は2日間かかるワイルドなトレイルのみ。一般的にはボートで海上から眺めます。

船上では島の絶景のみならず、海も人々を魅了します。ナイア（ハシナガイルカ）の群れが迎えてくれ、幸せを運ぶ海の守り神ホヌ（ウミガメ）が姿を見せることもあります。

 旅のヒント　ナパリ・コーストへは様々なスタイルのツアーが出ています。映画のシーンのような景色が見られるヘリコプターやセスナでの遊覧飛行のほか、船もクルーザー、高速ラフティングボートなど様々。夕日も楽しめるサンセットクルーズなどもあります。

長年にわたって、雨と風と波に削られて作られたナパリ・コースト。標高差が最大1000mにもなる断崖が、カウアイ島の北西海岸に約25kmにわたって続く

アメリカ（ハワイ州）

★ベストシーズン
① ② ③ ④ **⑤** ⑥ **⑦** ⑧ ⑨ **⑩** ⑪ ⑫ 月

★言葉／英語、ハワイ語
★日本からのアクセス／直行便でオアフ島のホノルルまで約8時間半。ホノルルからカウアイ島のリフエへ国内線で約40分

エメラルドグリーン

迫力ある断崖は遊覧飛行、または「ゾディアック」と呼ばれるエンジン付きのゴムボートに乗って海から眺める

「まっさら」に生まれ変わる白の絶景

WHITE

ピュアでニュートラルなイメージがあるホワイト。
いっぽう「真っ白になる」という言葉があるように、
エネルギーを使い果たしてしまったときに
私たちが行き着く色でもあります。
一度すべてをまっさらにした後は、
また新しい色を重ねたくなるでしょう。

パウダーブルー

アイスバブルは珍しい自然現象ではあるが、
ここでのみ発生しているわけではない。
多くの寒冷地の湖は冬の間雪に覆われてしまいその現象を見ることが難しい。
ここは常に強風が吹いていて雪が飛ばされてしまうので、
湖面を見ることができる

パウダーブルー

柔らかくくすんだ灰青色。コバルトガラスの粉末が由来で、この粉末を原料とした「スマルト」と呼ばれる明るく青みの強い別名の顔料もある。

−25度の厳寒が生む
清廉なる氷の芸術

　透明な氷に閉じ込められた無数の泡。ときに海に浮かぶクラゲに、ときには勢いよく吹いたシャボン玉にも見えますが、違いはそれらのストップモーションのように動かないこと。まさに厳しい冬が作り出す氷の芸術作品です。

　カナダ西部、雄大なカナディアンロッキーの麓にあるアブラハム湖。人造のダム湖ですが、湖水に含まれる岩粉のため、周辺の氷河湖と同じ美しい青色をしており、夏にはバカンス客で湖畔が賑わいます。

　ところが、冬の平均気温は−25度以下。その厳しい寒さが「アイスバブル」を作ります。湖底の植物が発するメタンガスが、凍結で氷の中に閉じ込められたもの。どこか清廉さを感じるのは、その冷たさゆえかもしれません。

 旅のヒント　アイスバブルは自然現象なので、いくつかの条件が揃わないと見られません。氷点下を大きく下回る日が数日続くこと、凍った湖面の雪が飛ぶ風が強く吹くことなど。アブラハム湖は12月下旬には凍結しますが、比較的確実なのは1月中旬から2月中旬です。

湖の南にそびえる山は標高2545mのミシュナー山。カナディアンロッキー周辺には美しい湖がたくさんあるが、夏はどこも観光客でいっぱい。ここは夏の間は訪れる人が少ない穴場となっている

カナダ

★ベストシーズン
① ② ③ ④ ⑤ ⑥ ⑦ ⑧ ⑨ ⑩ ⑪ ⑫ 月
★言葉／英語、フランス語
★日本からのアクセス／カナダのカルガリーまで直行便で約10時間半。
カルガリー市内から車でバンフ国立公園を経由して約3時間半

パウダーブルー

夜のアブラハム湖。
ライトを当てると白い泡が浮かび上がって見える。
とても透明度が高い氷なので、深いところで発生した気泡が
ビーズのようにつながって見えることもある

霧の海に浮かぶ修道院の小島に見る、冬だけの幻想世界

立ち込めた霧の中に浮かぶ小島。その頂上には修道院の尖塔。先端からは大天使ミカエルの像が見下ろしています。周囲の白壁の建築群は、まるで要塞のようにも見えます。

フランス西海岸、サンマロ湾に浮かぶモンサンミッシェルの冬。この地方は晴天がほとんどない厳しい寒さとなって、朝方には霧に包まれることも多くなります。観光客は少なくなりますが、一方でこの幻想的な景色は冬期にしか見られません。霧はやがて薄くなり、島へ渡るコーズウェイも見えてくるでしょう。かつては干満の差で生まれる干潟を歩いて向かいました。

大天使ミカエルのお告げによって生まれたという修道院。神秘的なたたずまいには冬の霧もよく似合います。

旅のヒント モンサンミッシェルの名物料理といえば「オムレツ」です。一人前の量に驚きますが、フワフワの食感であっという間にお腹の中へ消えてしまいます。お土産には、塩バターキャラメルや焼き菓子もおすすめ。

★ベストシーズン

1 2 ③ ④ ⑤ ⑥ ⑦ ⑧ ⑨ ⑩ ⑪ 12 月

★言葉／フランス語
★日本からのアクセス／パリまで直行便で約15時間。パリからはまずフランス高速鉄道（TGV）でレンヌへ1時間半〜2時間。バスに乗り換えてモンサンミッシェルまで約1時間10分。パリからの日帰りバスツアーもある

もし霧の風景にこだわらないなら、春から夏が観光のベストシーズン。
ただ世界中から人が集まるので、静かに風景を楽しみたいなら冬もいい

フランス

モンサンミッシェル

● Mont-Saint-Michel

ベビーブルー

同じ由来に「ベビーピンク」がある。
やわらかでわずかに灰色がかった青。
欧米の乳幼児用の服に多く用いられたことからこの色名に。

ベビーブルー

シェイク・ザイード・グランドモスク

アラブ首長国連邦

Sheikh Zayed Grand Mosque

パールホワイト

和名は「真珠色」。色名の通り、真珠の光沢を思わせるわずかな黄色を内包した白。塗料等では白に光沢をもつマイカ（雲母）を混ぜて再現する。

1996年から2007年まで11年の歳月をかけて建設された世界で6番目に大きいといわれるモスク。
伝統的なイスラム様式にモダンなデザインを取り入れ、随所に見どころがちりばめられたアラブ首長国連邦有数の見どころでもある

アラビアの太陽が白く輝かせる美の極みのようなモスク

　太陽が高く昇る時間、強烈な日差しが降り注ぐ純白のモスクは、目を開けていられないほど眩しく輝きます。ぬけるような青い空をつく白いミナレット（尖塔）と丸いドーム。そのコントラストの美しさは訪れる者たちを圧倒します。

　アラブ首長国連邦の首都アブダビのグランドモスク。原油生産による豊かな財政をもとに贅の限りを尽くして建設されました。良質な大理石が世界中から集められ、ホールには重さ9.5ｔという黄金のシャンデリアがつり下げられ、世界最大のペルシャ絨毯も敷かれました。モスク全体で5万5000人以上の礼拝者を収容できるとされています。

　どこを見回しても、スケールが大きく豪華絢爛、その美しさには言葉を失うでしょう。

旅のヒント　礼拝のある金曜日の午前中以外は異教徒でも入場できます。女性は髪と体を覆う民族衣装のアバヤを着用するのがよいでしょう。英語のガイドツアーもあります。夜間にはモスク全体がライトアップされます。

★ベストシーズン
❶ ❷ ❸ 4 5 6 7 8 9 10 ⓫ ⓬ 月

★言葉／アラビア語
★日本からのアクセス／日本から直行便でアブダビまで約12時間半。アブダビ国際空港からタクシーやバスで約20分。または直行便で隣の首長国ドバイまで約12時間、ドバイ国際空港からタクシーで約2時間

アラブ首長国連邦

パールホワイト

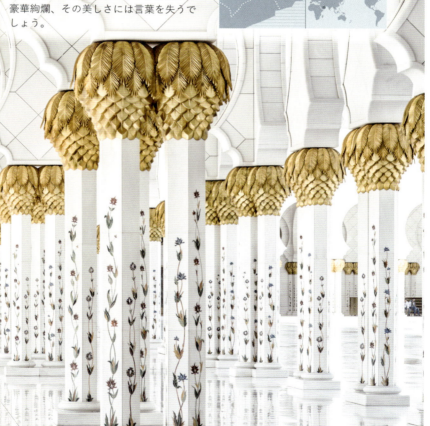

ノイシュバンシュタイン城 ドイツ

Neuschwanstein Castle

パールグレイ

「素鼠色」という和名をもつ、薄い灰色に青みが足された色。「パール」の光沢感が感じられる「明るい灰色」とも表現される。

美に執着した悲劇の王が残したメルヘンチックで華麗な城

雪の降った翌朝、もし青空が広がったなら、幸運に恵まれている証です。雪化粧をした白いノイシュバンシュタイン城とその周囲は、白く染まり、静寂に包まれた白亜の世界となります。背景に広がる青空は、よりいっそう白を輝かせ、偶然が重なったときだけの絶景を見せてくれるのです。

ドイツのロマンティック街道の終着点、標高約1000mの山上に立つこの優美な城はバイエルン王ルートヴィヒ2世の命により建てられました。別名は「新白鳥城」。芸術をこよなく愛す王が中世ドイツの騎士城をイメージしたものといいます。しかし彼は心を病み、非業の死により完成を見ることはありませんでした。そんな史実も城の神秘性を際立たせます。

旅のヒント 観光のベストシーズンは初夏〜初秋ですが、雪の絶景は1〜2月。城の全景を見るには、周囲の山々に点在する展望所へ登ります。最も有名なのは近くの渓谷に架かるマリエン橋。ただし、冬は閉鎖されていることが多いため、雪景色をみたければ別の場所を選びましょう。

ヨーロッパの古城といわれて、誰もが思い浮かべるイメージがここ。ただルートヴィッヒ2世が保養のために建てたものなので、装飾は豪華だが要塞としての城の機能はほとんどないに等しい

★ベストシーズン
1 2 3 4 **5 6 7 8** 9 10 11 12 月

★言葉／ドイツ語

★日本からのアクセス／日本から直行便でフランクフルトまで約15時間。国内線に乗り換えてミュンヘンへ約1時間。ミュンヘンからフュッセンまで約2時間。さらに城の麓の村ホーエンシュヴァンガウまで車で約10分

ディズニーランドのシンデレラ城のモデルとなったことは
よく知られている。軍事的な機能は別として、
建物の美しさだけならヨーロッパ随一の城といえるだろう

パールグレイ

白砂漠国立公園

エジプト

●White Desert National Park

エクルベージュ

フランス語のエクリュ「生成り」が語源の黄色みのあるやわらかで淡いベージュ。該当する和名のない色で「ベージュ」よりも明るいのが特徴。

大自然が生んだアートギャラリー
砂漠の果ての白い秘境

真っ白なマッシュルームのような巨石。周囲に広がる白い大地は雪でも氷でもありません。ここは砂漠が多くを占める国エジプト。太古には海底で、そのときの堆積物が隆起して白い石灰石の層が生まれました。それが長い年月をかけ、雨や風の力で侵食され、なんとも不思議な自然の造形物群が作り出されたのです。

カイロの南西、約500kmに広がる、その名も「白砂漠」。面積は東京都よりも広く約3000km²もありますが、その外側には同じような場所はありません。ここだけが特別な白い大地なのです。一見、無機質にも見えますが、多くの野生動物を育んでおり、耳の大きなキツネのフェネックや、ときにはオオカミが姿を見せることもあります。

旅のヒント 白砂漠へは1泊2日以上の宿泊を伴うツアーに参加するのがおすすめです。周辺にはユニークな自然が多く、太古の火山の噴火が生んだ黒砂漠、地面から無数の水晶が顔を出すクリスタルマウンテンなども訪れます。白砂漠でのキャンプもでき、満点の星空は圧巻です。

★ベストシーズン
① ② ③ ④ ⑤ ⑥ ⑦ ⑧ ⑨ ⑩ **⑪** **⑫** 月

★言葉／アラビア語
★日本からのアクセス／日本から直行便でカイロまで約14時間。カイロ市内から拠点のオアシスの街バウィーティーへ車で約5時間。公共バスもあるが、タクシーをチャーターするのが一般的

エジプト

エジプトには火山の噴出物の影響で大地に黒い粉を撒いたような「黒砂漠」もあり、白黒砂漠はそれぞれ100kmほどしか離れていない。両方の砂漠を訪れるツアーが人気

エクルベージュ

サトゥルニア
イタリア

Terme di Saturnia

フロスティ
ブルー

霜が降りる「霜白」などを意味する「フロスティ」の言葉通り、薄い青みがかった白。ひんやりとした質感が感じられる色。

石灰棚のプールが重なる丘
美しい伝説が残る秘境温泉

　イタリア中部トスカーナの丘陵地帯にあるサトゥルニア温泉。古代に起源をもつ由緒ある温泉ですが、長い間豊かな緑の中の秘湯でした。それがSNSで絶景すぎる温泉として話題となり、多くの人々が訪れるようになりました。

　丘の斜面に真っ白な石灰棚が階段状に重なり、そこをコバルトブルーの温泉が流れ落ちていきます。それぞれの棚はあたかもプールのようになっていて、誰でも自由に入湯を楽しむことができます。

　その起源には美しい伝説があります。平和と再生の神サトゥルヌスが、戦争をやめない人間に絶望し、地上に雷を落とします。そこに湧いた湯に浸かると、心に平穏が訪れるというのです。温泉の名にはその神の名が冠せられたのです。

旅の
ヒント
完全な野湯のため、誰でも24時間、自由に入ることができます。上の段は熱く、下に行くほどぬるくなるので、好みのお湯を見つけられます。水着着用は必須。ただし脱衣場などはないので、気になる人は近隣のスパリゾートを利用しましょう。

源泉の温度は37.5度。
熱い温泉に慣れている日本人には
物足りないかもしれないが、
ヨーロッパでは貴重な天然の野外温泉

★ベストシーズン

① ② ③ ④ ⑤ ⑥ ⑦ ⑧ ⑨ ⑩ ⑪ ⑫ 月

★言葉／イタリア語
★日本からのアクセス／日本から直行便でローマまで約15時間。ローマのテルミニ駅から特急列車でトスカーナの街オルベテッロへ約1時間50分。バスに乗り換えて温泉まで約1時間

イタリア

温泉のための特別な施設などはないが、
無料でお湯に浸かれるとあっていつも大勢の人で賑わっている

フォークランド諸島のペンギン

イギリス領フォークランド諸島

Penguins of the Falkland Islands

ファウンテンブルー

「ファウンテン」は噴水、「泉」、「水源」などの意味をもつ。名前の通り涼やかな淡いブルーで、わずかに灰色がかっているのが特徴。

西フォークランド島と東フォークランド島を中心に776もの島からなる諸島。首都は東フォークランドのスタンリーで、人口は3000人ほど

国際紛争が作り出したペンギンの楽園

南大西洋、アルゼンチンの東約550kmのところに位置するふたつの大きな島と700以上の小島から成るフォークランド諸島。イギリスの海外領土であるこの島は、キングペンギンやイワトビペンギンなど、数種類のペンギンが大規模なコロニーを形成し、「ペンギンの楽園」と呼ばれています。1982年、この島の領有をめぐってイギリスとアルゼンチンの間で大規模な衝突が起こりました。最終的には島を実効支配していたイギリスが勝利するのですが、紛争の過程で島の多くの場所に地雷が敷設されました。紛争終了後、地雷が撤去されなかった場所に人間は入れません。ところがペンギンの体重では地雷は作動しないため、それらの場所は（邪魔な人間がいない）ペンギンの楽園となったのです。

旅のヒント

フォークランド諸島には、キングペンギン、ジェンツーペンギン、イワトビペンギン、マカロニペンギン、マゼランペンギンという5種類ものペンギンが住み着いています。渡り鳥も多く、野鳥観察者にとっては聖地のひとつ。またフォークランドオットセイなどの珍しい海生哺乳動物にも出会えます。

★ベストシーズン
① ② ③ ④ ⑤ ⑥ ⑦ ⑧ ⑨ ⑩ ⑪ ⑫ 月

★言葉／英語
★日本からのアクセス／チリの航空会社LATAM航空が、首都サンティアゴからの便を週1便運航している。所要7時間半以上。日本からサンティアゴへの直行便はない。おもにアメリカ国内で乗り継ぎ25時間以上。アクセスしづらいためクルーズツアーなどを利用して立ち寄るのが一般的

フォークランド諸島

サントリーニ島
ギリシャ

Santorini Island

エーゲ海に浮かぶ断崖絶壁の島に白壁の家々が眩しく光る

紺碧のエーゲ海に浮かぶその島影には強烈なインパクトがあります。かつてここには巨大な火山島がありましたが、あるとき大噴火を起こし、残った外輪山の一部がサントリーニ島になりました。そのため、島は海からそそり立つ断崖に囲まれ、その斜面と上部に白壁の家々が密集して建っています。

世界中から集まるバカンス客で賑わう夏。島を彩る色は実にシンプルです。雲のほとんどない空とエーゲ海、そして家々や教会の屋根や窓枠の青、太陽に照らされて輝く建物の壁の白、そして赤茶けた崖。ところどころに咲くブーゲンビリアの赤と葉の緑は差し色です。そんな風景を眺めていると、強烈な暑さもあってか、まるで白日夢を見ているような気分になります。

旅のヒント　サントリーニ島に限らず、夏のエーゲ海の島々の人気は高く、大変な混雑になります。ホテルは高く予約も取りにくいので、ピークの7、8月は避けると賢明。ただし、オフシーズンの10〜5月は閉めてしまうホテルやレストランも多いので注意しましょう。

アイボリー

「アイボリー＝象牙」の通り、黄色みのあるうす灰色。類似色に、より白が強調される「アイボリーホワイト」がある。和名は「象牙色」。

空と海の青、ブーゲンビリアの赤、
そして白い建物。
誰もが憧れるサントリーニ島の風景

★ベストシーズン

6 7 8 9 月

★言葉／ギリシャ語
★日本からのアクセス／直行便はないのでアジアや中東、ヨーロッパの主要都市で乗り継いでギリシャの首都アテネへ。経由地により所要15〜20時間。
アテネからサントリーニへは国内線で約45分

ほとんどのホテルがカルデラの内側（西向き）斜面に
張り付くように並んでいる。
サンセットの時間になれば旅行者は
一斉にホテルの外に出て日が落ちるのを眺める

アイボリー

グリーンランド

イルリサット・アイスフィヨルド

● Ilulissat Icefjord

フォッグ

名前に象徴されるように「霧がかった」ような青みのある薄灰色。青みと灰色が強く出た「フォグブルー」という色みもある。

このフィヨルドに流れ込む氷河は1日に約19mも移動するという、世界で最も流れが速い氷河のひとつ。
そのためこの入り江には大小の氷山が次々と流れ出している

フォッグ

自然の驚異の力に圧倒される
紺碧の海に浮かぶ無数の氷山

　世界最大の島、グリーンランド。日本の総面積の6倍近くもありながら、人口は5万7000人ほど。世界で最も人口密度の低い地域とされています。それは85％が氷と雪に覆われているため。先住民でもあるイヌイットの人々は、沿岸部のわずかな土地で暮らしています。

　彼らの小さな村は、カラフルに塗られた三角屋根の木造の家々が並び、おとぎの国のようです。しかし、そのすぐ背後には峻烈な山々と氷河が迫ります。目の前の海に目を移せば、氷河から流れ落ちた氷塊が漂っています。

　近づくと、その氷塊が高層ビルほどに巨大なことに驚かされます。人の営みのすぐそばで、これだけの氷山が太陽光を反射して輝きながら漂う場所はここにしかありません。

旅のヒント　おすすめは現地のオプショナルツアー「ミッドナイトサンクルーズ」。白夜の季節、深夜0時頃に早くも昇り始める朝日に、白い氷山が淡く色つき始め、やがて茜色に染まっていきます。美しい地球を心から感じる瞬間です。

★ベストシーズン
① ② ③ ④ ⑤ **⑥ ⑦ ⑧ ⑨** ⑩ ⑪ ⑫ 月

★**言葉**／グリーンランド語（イヌイット語）、デンマーク語
★**日本からのアクセス**／直行便でコペンハーゲンへ約13時間半。乗り換えてまずはグリーンランドのカンガルスアックへ約4時間40分、さらに小型機に乗り換えて観光拠点のイルリサットへ約45分

グリーンランド

ブラジル
レンソイス・マラニャンセス国立公園

Lençóis Maranhenses National Park

純白のシーツに描かれる
エメラルド色の湖の奇跡

　レンソイスとはポルトガル語でシーツのこと。その名の通り1550km²という広大な大地には、まるでシーツが敷かれたように真っ白な砂丘が広がっています。その姿は宇宙からの衛星写真でもはっきりと確認できるといいます。

　ブラジル北東部、大西洋岸のマラニャン州にあるレンソイス・マラニャンセス国立公園。白い砂は水晶と同じ鉱物の石英で、それが熱帯の強烈な太陽光に反射して白く輝くのです。そして、雨季になると、その風景にさらなる奇跡が加わります。乾季には砂の下に隠れている地下水の水位が雨によって上がり、砂丘の谷間に湧き出てエメラルドの湖となります。どこか規則的にも見える美しい模様が、シーツの上に描かれます。

旅の ヒント 湖が出現する雨季は、砂漠もぬかるむので四輪駆動車でも奥までは入れません。国立公園内を歩いて見ることになります。雨具の装備も必携です。まだまだ未開の地なので、観光施設は十分ではないことは承知しておきましょう。

★ベストシーズン
① ② ③ ④ ⑤ ⑥ ⑦ ⑧ ⑨ ⑩ ⑪ ⑫ 月

★言葉／ポルトガル語
★日本からのアクセス／北米の主要都市で乗り継ぎリオデジャネイロまたはサンパウロへ。所要22〜30時間。さらに乗り継ぎブラジル北東部の街サンルイスへ。そこから公園に最も近いバヘイリーニャスまではバスで4〜6時間

ブラジル

ムーングレイ

月光のような青みがかった薄いグレイ。「月」を由来とするものに、黄赤がかった「ムーンライト」や白みが強調される「ムーンホワイト」などがある。

ムーングレイ

雨季になると出現する無数の水たまり。
その景色も不思議だが、さらに不思議なのはその水たまりに魚が生息していること。
白い砂漠が広がる乾季の間はどこにいるのか?
なぞは解明されていないという

心を「凪」にする
灰色の絶景

GRAY

グレイは神経を和らげてくれる効果があります。
疲れきっているとき、何も考えたくないときに
この色を眺めてみましょう。
ただし、長時間見続けると無気力になってしまうので注意。
「脳みそを空っぽにしたい」一時的なリセットに
灰色の絶景はぴったりです。

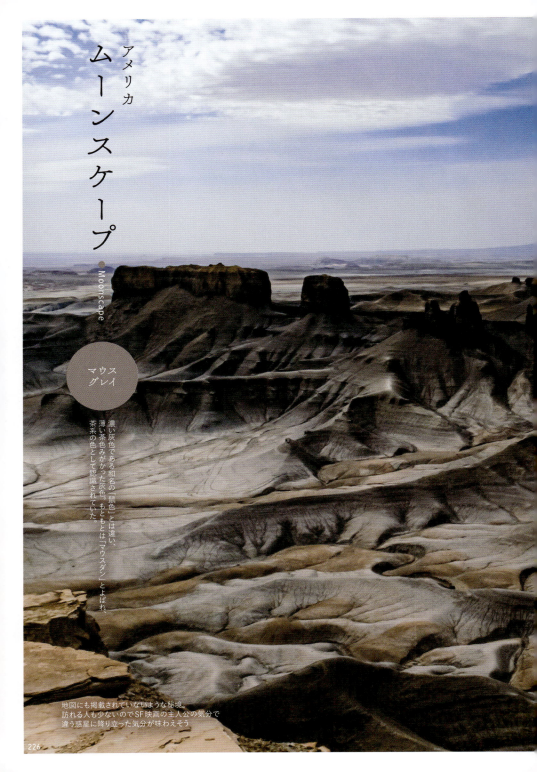

ムーンスケープ
アメリカ

Moonscape

マウスグレイ

濃い灰色である和名の「鼠色」とは違い、薄い茶色みがかった灰色。もともとは「マウスダン」とよばれ、茶系の色として認識されていた。

地図にも掲載されていないような秘境。
訪れる人も少ないのでSF映画の主人公の気分で
違う惑星に降り立った気分が味わえそう

マウスグレイ

生きものの気配さえ感じさせない地上に出現した月面世界

　私たちがイメージする月面は、間違いなくこのような風景。この灰色のランドスケープを目の当たりにする誰もがそう思うはずです。水の気配はなく、非現実的にすら感じられる岩の大地。寂寞とした別世界へのエスケープが体験できます。

　つい最近まで知る人の少なかったユタ州にあるムーンスケープ。「月の眺め」を意味するその名は、地球外のような地形が広がる大地が納得させてくれます。スカイライン・リムという呼び名もあり、こちらの「地平線のへり」という意味もふさわしく思えるでしょう。

　訪れるには人里離れた未舗装の道をしばらく走らねばならず、冒険心もかきたてられます。たどりつく展望台からの眺めは壮大でドラマチックです。

旅のヒント　観光的な整備がまったくされていない場所です。ムーンスケープ・オーバールックと呼ばれる展望台がありますが、柵もない自然のままの断崖のふちで、しかも岩はもろく崩れやすいため、端に近づきすぎないようにしましょう。特に朝日や夕日を見るならば足元要注意です。

★ベストシーズン
1　2　3　4　5　6　7　8　9　10　11　12　月

★言葉／英語
★日本からのアクセス／北米の主要都市を経由してユタ州のソルトレイクシティへ。ロサンゼルスやサンフランシスコから所要約2時間。到着後、車で約4時間。未舗装道路を走るため、車高の高いオフロード車をレンタルすること

アメリカ

227

カンボジア
タ・プローム
● Ta Prohm

巨木に呑まれゆく刹那の遺跡
アンコール随一の人気寺院

　からみつく無数のガジュマルの巨木の根は、この石の遺跡をほとんど呑み込んでしまっています。タ・プロームは、12世紀後半にアンコール王朝の王によって創建された仏教寺院。15世紀のアンコール王朝滅亡とともに放棄され、19世紀末にフランスの探検家に再発見されるまで深いジャングルに埋もれていました。

　長い眠りについていた間、遺跡は自然に還ろうとしていたのでしょう。諸行無常の過程で再び目覚めたその姿から、地球の時にあっては人の営みが刹那であることを教えられ、朽ちゆく美しさに心奪われます。

　よく見てみれば壁面に残る華やかな装飾などは素晴らしく、かつての栄華を十分に偲べるのもまた、寂漠と背中合わせの魅力なのです。

旅のヒント　アンコール遺跡群の共通チケットが必要です。どの遺跡もゲートのようなものはありませんが、係員のチェックが必ずあります。事前にチケットオフィスでの購入をお忘れなく。オンラインで購入することも可能です。

フォグブルー

ごく薄い青灰色の「フォグ」よりも、青みと灰色が濃いものがこの「フォグブルー」。青みが濃いので紫がかったようにも見える幻想的な色。

有名なアンコールワットの遺跡から3kmほど離れた森の中にある。アンコールワットに比べ調査や保存活動が進んでいないせいか、こちらのほうが魅力的という人も

★ベストシーズン
① ② ③ ④ ⑤ ⑥ ⑦ ⑧ ⑨ ⑩ **⑪ ⑫** 月

★言葉／クメール語
★日本からのアクセス／タイのバンコクやベトナムのホーチミンなどアジアの主要都市で乗り継ぎ、シェムリアップ空港へ。市内からタクシーもしくはバイクタクシーで約1時間

カンボジア

巨大なガジュマルの木が建物を呑み込もうとしている。
この大樹を保存しながら遺跡の修復を行うのは
かなり難しい作業になる

比較的きれいな状態の彫刻。
遺跡には数多くの彫刻が残されているが、
異教徒に支配された時代に破壊されたものも少なくない

フォグブルー

武陵源風景名勝区

中国

Wulingyuan Scenic Area

スカイグレイ

薄雲がかかった空の色をイメージした色で、鉛色よりも白く、ほんのりと明るい青みのある色。色幅があるが、全体的に青みがあるのが特徴。

山深い秘境に広がる石柱の林
幽玄な現世のユートピア

「仙境」という言葉があります。道教の源流となった古代中国の思想のなかで、不老不死の仙人が住むと言われた場所です。人が望んではたどり着けない清浄なユートピア。中国の湖南省にある武陵源は、その幽玄たる景観から、唐の宮廷詩人が自然の叙景を詠んだ仙境に例えられました。

クォーツとも呼ばれる鉱物の石英が、地殻変動による熱で再結晶した珪岩でできた巨大な石柱。それが3000本以上も林立しています。高さは数十mから約400mまで様々。雨の多い夏には雲海が湧き立ち、そこに奇岩群が浮かぶ光景は山水画そのものです。

さらにその麓には緑の森が広がり、澄んだ渓流が流れています。その美しさはやはり桃源郷です。

旅のヒント 武陵源は4つの自然保護区の総称。総面積は約390km²もありますが、中国でも人気の観光地なので交通は発達しています。各区はバスで結ばれ、標高差はロープウェイと、屋外では世界で最も高い高低差のあるエレベーターでカバーされています。

各地で観光インフラの整備が進む中国。山上から景色が見たければ自分の足で登るしかなかった時代はそれほど前ではなかった

★ベストシーズン
① ② ③ ④ ⑤ ⑥ ⑦ ⑧ ⑨ ⑩ ⑪ ⑫ 月

★言葉／中国語
★日本からのアクセス／ゲートウェイとなる張家界へは、上海、北京、広州などの中国の大都市から豊富な国内線の便がある。張家界空港からはタクシーで1時間ほど

スカイグレイ

本当に不老不死の仙人が
暮らしていたような雰囲気が漂う不思議な世界。
多くの文人墨客がこの風景を活写したくなる気持ちがわかる

雄大なフィヨルドを一望する
目もくらむ絶壁の岩の上

　リーセ・フィヨルドとは、ノルウェー語で「明るいフィヨルド」の意味。花崗岩がきらきら光るのが由来です。海から最奥まで全長約42km。入り江の両側には、水中までほぼ垂直に1000mも落ち込む絶壁が迫ります。

　最大の見どころの「プレーケストーレン」とは説教台のこと。自然のものとは思えないほど上部がきれいに平らになった一枚岩で、東京スカイツリーに匹敵する約600mの高さで海からそそり立っています。

　ここから見るフィヨルドの景観はダイナミックです。遥か眼下の海に浮かぶ大型クルーズ船さえも、まるで米粒のよう。柵は設けられていないので、勇気があれば縁に腰を下ろし、あるいは腹ばいで深い真下を覗き込むスリリングな体験もできます。

旅のヒント プレーケストーレンの頂上まではハイキングで所要約2時間、ただし夏季のみです。しっかりしたハイキングの装備が必要です。通年運航のスタヴァンゲルからのクルーズならば、巨大な岩の全景を海から楽しめます（所要約3時間）。

★ベストシーズン
① ② ③ ④ ⑤ ⑥ ⑦ ⑧ ⑨ 10 11 12 月

★言葉／ノルウェー語
★日本からのアクセス／ヨーロッパの都市を経由しオスロまで約15～22時間。国内線に乗り換えスタヴァンゲルへ約50分。さらにフェリーで約40分のタウへ渡る。タウから登山口までバスで約35分

ノルウェー

232

ストーングレイ

ノルウェー

リーセ・フィヨルド

● Lyse Fjord

ストーン
グレイ

名前の通り、石のように少しベージュがかった淡い灰色。
グレイはイギリス英語で「grey」と表記することもあるが、
意味や発音は「gray」と同じ。

プレーケストーレンには柵はなく、見物はすべて自己責任。
長年旅行者に開放されているが、
これまでに起こった転落事故は1件だけだという

幻想図書館の名で知られる
ファンタジー感満載の"知の宝庫"

　リオデジャネイロ市内の中心に建つ美しい図書館。その始まりはポルトガルから独立したブラジル帝国の首都に、ポルトガルの文化を浸透させようとした43人の移民によって設立された協会です。現在の建物は1887年に竣工したもので、現在ポルトガル国外で世界最多のポルトガル語の蔵書があります。その数35万点以上。貴重な古書も多数含まれていて、かつては閲覧することができたのですが、現在はすべて非公開。一般の人は図書館なのにその蔵書に触れることもできません。

　壁一面に並ぶ色とりどりの背表紙、天窓のステンドグラス、繊細な光をともすシャンデリア……。ここではファンタジーの世界に紛れ込んだような幻想的な空間をただ静かに堪能しましょう。

旅のヒント　リオデジャネイロのほぼ中心に位置し、カリオカ広場から徒歩で約10分と、アクセスのよい立地です。近くには円錐形のモダニズム建築として有名なリオデジャネイロ大聖堂があります。入口の記録簿に氏名や国籍を記入すれば自由に見学できます。

★ベストシーズン
1 2 **3** 4 **5** 6 7 8 **9** **10** **11** 12 月

★言葉／ポルトガル語
★日本からのアクセス／リオデジャネイロへの直行便はなく、アメリカ経由なら約25時間〜、ヨーロッパ経由であれば約26時間〜。アントニオ・カルロス・ジョビン国際空港からタクシーで約1時間

ブラジル

王立ポルトガル図書館
ブラジル

アイビーグレイ

アイビーグレイ

植物のツタ、「アイビー」の名前が入っているように、わずかな青緑みが加えられた灰色。どこか懐かしさを感じさせるアンティーク調の色。

Royal Portuguese Cabinet of Reading

建物の外観はリスボンにあるジェロニモス修道院を模して建設された

マルハム・コーブ
イギリス
● Malham Cove

ローズグレイ

バラの華やかさを内包しているような、ほのかな赤みのある灰色。「オールドローズ」より灰色が強く「ピンキッシュグレイ」と呼ばれることも。

緑豊かな国立公園の一角にある氷河が生んだひび割れた大地

イギリスのなかで最も美しい自然に恵まれているといわれるヨークシャー地方。そこに20以上の渓谷から成るヨークシャー・デールズ国立公園があります。デールズとは谷。緑豊かな公園ですが、その端に他とまったく異なる様相の一角があります。

突然姿を見せるのは大きく湾曲した石灰岩の大岩壁マルハム・コーブ。氷河期に氷河の活動で浸食されていた石灰岩が、気温上昇で氷が解けて姿を現し、さらに雨や地下水で削られて生まれたものです。

高さが約80mもある迫力満点の岩の上に登ると、むき出しの岩盤に、無数の割れ目が不規則に刻み込まれた風景が広がります。曇天の日が多いイギリスの空に、その荒涼さは、むしろよく似合う気がします。

旅のヒント マルハム・コーブは『ハリー・ポッターと死の秘宝』の撮影にも使われたことでも人気があります。ヨークシャーデールズ国立公園の南にあるスキプトンは小さな田舎町ですが、中世に建てられたスキプトン城などの見どころがあり、ぜひ合わせて訪れてみたい地です。

ヒツジの放牧地では何世紀も前から石垣がフェンスとして使われてきた。周囲にはこんなのどかな風景が広がっている

★ベストシーズン
①②③④**⑤⑥⑦⑧⑨**⑩⑪⑫月

★言葉／英語
★日本からのアクセス／イギリスのロンドンまで行き、国鉄とセトルカーライル鉄道を乗り継いでスキプトン駅まで約3時間半。さらにローカルバスで公園の入り口まで行き、そこから徒歩で約30分

236

ローズグレイ

マルハム・コーブの上に広がる荒涼とした風景。
まるで岩の割れ目を風が吹き抜けていくように見える
不思議な景色だ

「自分を高める」黒の絶景

BLACK

光の相対として、
暗さ、静寂を表すブラックですが、
厳粛や高尚といった魅力も併せ持っています。
ぼんやりとした現状にメリハリを付け、
自己輪郭をはっきりさせたいとき、
この色の絶景に会いに行ってみてはどうでしょう。

アメリカ
キラウエア火山
Kilauea Volcano

流れ出した溶岩は表面が冷えると黒く固まる。
それでも内部はまだ熱いままなので、時折ひび割れた表面からあふれて出てくる。
温度は1000度近いが安全な距離を保っていれば、
かなり近づいて観察することが可能

チャコール
グレイ

チャコール（木炭）が名前にある通り、木炭や炭顔料を由来とする色。紫みのある深い灰色で、「やわらかな黒」と表現されることが多い。

生きる地球の躍動を見られる
最も溶岩に近づける火山

まるで生き物のようにうねる黒い溶岩は、まもなく海に落ち白煙を噴き上げます。ときおり赤いひびが動いて見えますが、爆発するようなことはありません。ハワイ島のキラウエア火山の溶岩は粘り気が弱く、地表に出るとすぐに先に冷えてできた溶岩トンネルの中に入ってしまい、約12kmも熱いままで海までゆっくりとやってきます。それがようやく姿を現すのがオーシャンエントリー。溶岩が海水と交わる場所です。

穏やかな活火山として知られ、観光地にもなっていますが活動は盛んです。2018年の噴火では住宅地に大きな被害を出しました。それでもこれほど人間が溶岩のすぐそばまで近づけて、大自然の驚異にふれられる火山はほかにありません。

旅のヒント　ハワイ火山国立公園はレンタカーで回れますが、地球の躍動を感じるにはぜひ自分の足で歩いてみたいところ。公園事務所では1日2回、予約不要で無料のウォーキングツアーを開催しているので、オプショナルツアーで行かない人はぜひ参加を。

流れ出た溶岩が直接海に流れ込む、
世界的に見ても珍しいキラウエア火山。
冷たい海水に触れた溶岩から激しく水蒸気が立ち上る

アメリカ（ハワイ州）

★ベストシーズン
❶❷❸❹❺❻❼❽❾❿⓫⓬月

★言葉／英語、ハワイ語
★日本からのアクセス／ハワイ島コナへの直行便は運休中。
直行便でホノルルまで7時間半〜8時間半。
国内線に乗り換えコナまで約1時間。
コナ市内からハワイ火山国立公園入口へ車で約2時間

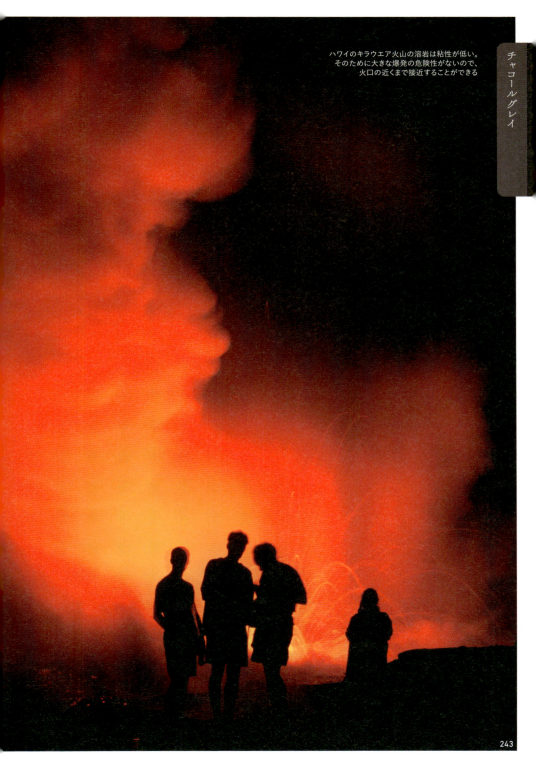

ハワイのキラウエア火山の溶岩は粘性が低い。そのために大きな爆発の危険性がないので、火口の近くまで接近することができる

チャコールグレイ

ワイトモ洞窟
ニュージーランド
● Waitomo caves

土ボタルが作りだす絶景は天然のプラネタリウム

　ニュージーランド第一の都市オークランドから南へ200km。マオリの言葉で「水の穴」を意味するワイトモには、地下水が流れる鍾乳洞が点在しています。なかでも世界から観光客が訪れるのがグローワーム洞窟。約3000万年前に雨水の流れによって作られたこの鍾乳洞には、ヒカリキノコバエという昆虫の幼虫が生息しており、これがグローワーム（土ボタル）と呼ばれる発光する虫です。個人で洞窟に入ることはできないので、ガイドとボートに乗って見学します。ひんやりとした洞窟の水上を進んでいくと、あたりは青い光に包まれます。アニメ映画『天空の城ラピュタ』の1シーンのようだと話題となった幻想的な光景。天の川の下にいるような気になり、願いごとが口をついてしまいそうです。

 旅のヒント　ワイトモで、もうひとつ有名なのは「犬の巣穴」を意味するルアクリ洞窟。近未来感あふれる螺旋階段を下っていくと、地下の滝つぼやゴーストウォークと呼ばれる地下道、規模が小さいですが土ボタル鑑賞スポットもあり、見どころ満載です。

ビートル
カブトムシなどの甲虫を指す「ビートル」の名前の通り、艶やかな「黒」。ごくわずかな青みが艶と奥行を表現している。

グローワームは天井から粘液をたらし光に集まってくる昆虫を絡めて捕食する。光るのは幼虫だけで、成虫は光らない

ニュージーランド

★ベストシーズン
❶❷❸❹❺❻❼❽❾❿⓫⓬月
※土ボタルはどの季節でも鑑賞可能

★言葉／英語
★日本からのアクセス／成田空港、関西国際空港からオークランドまで直行便で約11時間。オークランドからワイトモまで車で約2時間

グローワーム洞窟内では撮影は禁止されている。
仮に撮影ができたとしてもごくごく弱い光のグローワームの撮影は難しい。
動いているボートからごくごく弱い光のグローワームの撮影は難しい。
自分の目でしっかりと幻想的な光景を楽しみたい

ノルウェー
ホッペルシュタ・スターヴ教会

エボニー

和名で「黒檀」を指す。熱帯性常緑高木のエボニーは、深い黒色と硬い木質から家具等に重用されてきた。少し赤みがかった黒色はどこか馴染み深い温かな色。

Hopperstad Stave Church

むき出しの柱が並ぶ内部には
聖母マリア像のための祭壇（像は博物館に収蔵）、
キリスト生誕の物語が描かれた天蓋付きの聖体容器などがある

エボニー

のどかなフィヨルドのほとり
歴史を育む黒い教会

　ノルウェー最大のソグネフィヨルド。その湖畔にある小さなヴィークの街の郊外、のどかな低い丘の上に、中央が尖った塔のようになっている真黒な建物が立っています。それはスターヴ教会と呼ばれる木造建築様式で建てられたホッペルシュタ・スターヴ教会です。

　燃えた炭のような色は、木を腐らせないための工夫。スターヴとはノルウェー語で建物を支える太い柱のことで、かつてヨーロッパ北西部に多くありましたが、現在は最も多いノルウェーでも28棟しか残されていません。

　現存するスターヴ教会でも最古のもので、最初に12世紀ごろ、その後17世紀に再建されました。長い時を経ても穏やかにたたずみ続ける木造建築の姿には、静かな感動を覚えます。

旅のヒント　複雑で長い海岸線のノルウェーのフィヨルドに点在する街や村へは、バスや船の公共交通はありますが、何度も乗り換えが必要で時間がかかります。他の見どころも合わせ、ホッペルシュタ・スターヴ教会にも立ち寄るツアーに参加するのが効率的です。

★ベストシーズン
❶ ❷ ❸ ❹ ❺ ❻ ❼ ❽ ❾ ❿ ⓫ ⓬ 月

★言葉／ノルウェー語
★日本からのアクセス／直行便はなくヨーロッパや中東の主要都市で乗り継いでオスロへ約20時間〜。オスロから国内線でベルゲンへ約1時間。さらに鉄道で約3時間でフロムへ行き、バスに乗り換えてヴィークへ約5時間

ノルウェー

247

ジャイアンツ・コーズウェイ
イギリス
Giant's Causeway

ブラックダイヤモンド
非常に硬く、工業用としても重用される「ブラックダイヤモンド」。不純物を多く含むため黒く見える。褐色がかった複雑な黒色を指す。

規則正しく並んだ石柱はまるで職人が並べたタイルのようで、とても自然にできたものとは思えない

ブラックダイヤモンド

巨人伝説が語り継がれる六角形の石柱の海岸

　紀元前から継がれるケルト文化が息づき、今も妖精の存在を信じる人が多いアイルランド島。無数の六角形の石の柱が海岸を埋め尽くすジャイアンツ・コーズウェイにも、おとぎ話のような物語が語り継がれています。伝説の巨人フィン・マックールがスコットランドの巨人に戦いを挑むため、あるいはヘブリディーズ諸島に住む巨人の娘と恋に落ち、彼女が渡ってくるために造ったというものです。

　石の柱は溶岩がゆっくり固まったときにできる柱状節理というもの。冷えていくと収縮し、亀裂を起こしながら規則的な六角形の柱になります。北アイルランドに位置するこの海岸の一帯には他にも不思議な自然景観が多く、それらにも巨人伝説が残されています。

旅のヒント　島は独立国のアイルランドと、イギリス連邦に属する北アイルランドに分かれていますが、レンタカーで1周することが可能です。美しい風景を堪能するにはドライブが一番。イギリスはEUから離脱しましたが、国境での手続きは特にありません。

★ベストシーズン
① ② ③ ❹ ❺ ❻ ❼ ❽ ❾ ❿ 11 12 月

★**言葉**／英語、アイルランド語、アルスター・スコットランド語
★**日本からのアクセス**／直行便はなくヨーロッパの主要都市で乗り継いで北アイルランドの主都ベルファストへ。所要18〜20時間。市内からジャイアンツ・コーズウェイへはバスで約1時間半

イギリス

美しくも怪しい亡霊が
棲むというブナのトンネル

　絡みつくかのように複雑に伸びるブナの木の枝が、道に覆いかぶさってトンネルのようになった「ダーク・ヘッジズ」。18世紀にこの地に家を建てたジェームズ・スチュアートという人物が、ゲストを喜ばそうと、およそ600mの邸宅へのアプローチに150本以上のブナの木を植えたのが始まりでした。それから3世紀。この幻想的な景色が生まれたのです。

　明るい木漏れ日がある日には、メルヘンチックな姿にもなりますが、日が陰った時には、どこか怪しい雰囲気となります。そのためかトンネルには女性の亡霊が棲みつき、木から木へと飛び回り、ハロウィンには訪問してくると噂されます。それはいかにもアイルランドらしいファンタジーです。

> 旅のヒント　ダーク・ヘッジズはベルファストから北へ約80kmにありますが公共交通だけで行くことはできません。そのためレンタカーを利用します。また、さらに北に20kmの海岸がジャイアンツ・コーズウェイなので、組み合わせたツアーも出ていておすすめです。

★ベストシーズン
① ② ③ ④ ⑤ ⑥ ⑦ ⑧ ⑨ ⑩ ⑪ ⑫ 月

★言葉／英語、アイルランド語、アルスター・スコットランド語
★日本からのアクセス／直行便はなくヨーロッパの主要都市で乗り継いで北アイルランドの主都ベルファストへ。所要18〜20時間／市内から車で約1時間

アボカド

イギリス
ダーク・ヘッジズ
Dark Hedges

アボカド

深い緑色のアボカドの果皮は、熟すと黒みを帯びたイエローグリーンに。この円熟した色味が由来。「オリーブ」の色を深くした色調に近い。

ブナの木は紅葉、落葉するので、春には新緑、夏には青々と葉が茂った姿、秋には赤茶色に色づいた並木、冬には葉を落とした寒々しい様子、四季それぞれ異なる風景が眺められる

ヴァドゥ島
モルディブ
Vadoo Island

ダークアイアン

和名「鉄黒（てつぐろ）」。鉄の酸化物である四酸化三鉄から作る顔料からなり、赤みや青み、黄色が混ざり合ったような複雑でやわらかな黒色。

刺激を受けて光るプランクトンなので、波打ち際を歩けば足の周りが光るおもしろい体験ができる

波打ち際で青くきらめく幻想的な夜光虫の群れ

太陽の下ではエメラルドのラグーンが輝く、モルディブのサンゴ礁の島。しかし、夜ともなれば満点の星空と月明かりと引きかえに、波音とヤシの木の葉ずれが聞こえてくるだけの闇に包まれます。しかし、ときに波打ち際を描く無数の青い光が現れることがあります。幻想的な夜光虫の群れです。プランクトンの一種で、刺激によって発光をするため、波が砕けるあたりでゆらゆらと揺らめくのです。

しかし、その美しさは夜だけのもの。夜光虫が大発生すると、皮肉なことに昼間にはラグーンを赤潮のごとく染めてしまうのです。この現象はヴァドゥ島で多く見られることで有名ですが、これは首都のマーレ島が近く、人の出す排水が栄養になると考えられています。

旅のヒント ヴァドゥ島はオールインクルーシブの高級ホテル、アダーラン・プレステージ・ヴァドゥが占有しています。宿泊は大人だけ、水上コテージもあるプレミアムリゾートです。夜光虫は年間を通して見られることが多く、大発生時でなければ海も透き通って美しいです。

★ベストシーズン
❶ ❷ ❸ ❹ 5 6 7 8 9 10 11 12 月

★**言葉**／ディベヒ語
★**日本からのアクセス**／直行便はなく、スリランカのコロンボをはじめ、シンガポール、香港、ドバイなどで乗り継いで行くのが一般的。所要時間は経由地により約11時間半〜20時間。ヴァドゥ島のリゾートへはマーレ空港からスピードボートで約15分

ダークアイアン

本書で紹介している色

| 表紙 | AWL Images／アフロ |
| 裏表紙 | Bridgeman Images／アフロ |

- Agencia EFE／アフロ（P.60-61）
- AirPano／アフロ（P.70-71、P.84-85、P.211）
- Alamy／アフロ（P.38、P.39、P.40-41、P.44、P.54、P.58、P.64、P.86、P.136、P.148-149、P.160-161、P.182-183、P.190-191、P.192-193、P.220-221、P.226-227、P.250-251）
- AWL Images／アフロ（P.20-21、P.30-31、P.36-37、P.43、P.46-47、P.55、P.59、P.62-63、P.66-67、P.68-69、P.74-75、P.94-95、P.112-113、P.114-115、P.116、P.117、P.137、P.144-145、P.164-165、P.169、P.177下、P.204、P.230、P.236）
- Biosphoto／アフロ（P.143、P.196、P.219）
- Blickwinkel／アフロ（P.82）
- Christof Sonderegger／アフロ（P.105）
- ClickAlps／アフロ（P.22-23、P.147）
- CuboImages／アフロ（P.177上、P.216-217）
- Danita Delimont／アフロ（P.34-35、P.98）
- ddp／アフロ（P.2-3）
- Design Pics／アフロ（P.152-153）
- F1online／アフロ（P.170-171）
- HEMIS／アフロ（P.1、P.18-19、P.83上、P.92、P.96-97、P.134-135、P.174-175、P.184-185、P.202-203、P.206-207、P.234-235、P.246-247）
- imagebroker／アフロ（P.129、P.168、P.178）
- Inge Johnsson／アフロ（P.162-163）
- Jan Wlodarczyk／アフロ（P.100-101、P.107、P.167）
- KONO KIYOSHI／アフロ（P.176）
- Look／アフロ（P.26-27、P.117下、P.140、P.141）
- Loop Images／アフロ（P.15、P.188、P.237）
- Masakazu Ushioda／アフロ（P.199）
- mauritius images／アフロ（P.102-103、P.132-133、P.194）
- Minden Pictures／アフロ（P.108-109、P.142）
- Nature Picture Library／アフロ（P.157、P.252-253）
- ONLY FRANCE／アフロ（P.80-81、P.158）
- Prisma Bildagentur／アフロ（P.181、P.212-213）
- Reinhard Dirscherl／アフロ（P.48-49）
- Robert Harding／アフロ（P.120-121、P.125、P.238-239、P.248-249）
- Science Photo Library／アフロ（P.93、P.99、P.154-155、P.195、P.214、P.240-241、P.242、P.243）
- SIME／アフロ（P.12-13、P.14、P.24-25、P.32-33、P.45、P.50-51、P.56-57、P.106、P.119、P.122-123、P.130-131、P.157上、P.172-173、P.179、P.186、P.187、P.198、P.200-201、P.208-209、P.210、P.215、P.229、P.231）
- Stocktrek Images／アフロ（P.104）
- Tetra Images／アフロ（P.232-233）
- Thomas Henderson／アフロ（P.156）
- WESTEND61／アフロ（P.52-53、P.72-73）

- ZUMA Press／アフロ（P.16、P.245）
- アールクリエイション／アフロ（P.88-89）
- アフロ（P.118、P.146）
- イメージマート（P.180）
- 蛭子渉／アフロ（P.76-77、P.78-79、P.222-223）
- 片平孝／アフロ（P.83下）
- 黒岩　正和／アフロ（P.10-11）
- 黒津 隆広／アフロ（P.138-139）
- 齋藤 朱門／アフロ（P.205）
- 三枝輝雄／アフロ（P.229上）
- 澤野新一朗／アフロ（P.65）
- 関喜房／アフロ（P.166）
- 高田芳裕／アフロ（P.228）
- 高橋暁子／アフロ（P.218）
- 竹沢うるま／アフロ（P.110）
- 田中秀明／アフロ（P.28-29）
- 土屋豊／アフロ（P.159）
- 富田文雄／アフロ（P.224-225）
- 野村哲也／アフロ（P.42、P.87、P.126-127、P.244）
- 東山堅一／アフロ（P.150-151）
- 保屋野参／アフロ（P.124）
- 山梨勝弘／アフロ（P.90-91、P.189）
- 馮学敏／アフロ（P.17）

100色をめぐる旅
世界の絶景パレット
2025年5月10日　第1刷発行

編著	永岡書店編集部
編集	有限会社オフィス・ポストイット 永岡邦彦＋五箇貴子＋井上真智子
編集協力	梅原トシカヅ
カバーデザイン	公平恵美
本文デザイン	戸部明美
写真協力	株式会社アフロ 北見一夫
表紙	モルディブ（AWL Images／アフロ）
発行者	永岡純一
発行所	株式会社永岡書店 〒176-8518　東京都練馬区豊玉上1-7-14 電話：03-3992-5155（代表）　03-3992-7191（編集）
印刷	クループリンティング
製本	クループリンティング

本書の無断複写・複製・転載を禁じます。落丁本・乱丁本はお取り替えいたします。
ISBN978-4-522-44138-1　C0026